名师名校名校长

凝聚名师共识
回应名师关怀
打造名师品牌
培育名师群体

郑明远题影

2021年广东省中小学三科统编教材"铸魂工程"专项课题"基于区域的红色资源与思想政治课融合研究——以培育政治认同学科素养为例"（课题编号：GDJY-2021-A-b148）的研究成果。

高中思想政治

生态课堂是如何炼成的

王红军 ◎ 著

北京燕山出版社
BEIJING YANSHAN PRESS

图书在版编目（CIP）数据

高中思想政治生态课堂是如何炼成的 / 王红军著
．—北京：北京燕山出版社，2022.7
ISBN 978-7-5402-6597-7

Ⅰ.①高… Ⅱ.①王… Ⅲ.①政治课—教学研究—高
中 Ⅳ.①G633.202

中国版本图书馆CIP数据核字（2022）第112208号

GAOZHONG SIXIANG ZHENGZHI SHENGTAI KETANG SHI RUHE LIANCHENG DE
高中思想政治生态课堂是如何炼成的

著　　者	王红军
责任编辑	满　懿
出版发行	北京燕山出版社有限公司
地　　址	北京市西城区椿树街道琉璃厂西街20号
电　　话	010-65240430
邮　　编	100052
印　　刷	北京政采印刷服务有限公司
经　　销	新华书店
开　　本	170mm×240mm　16 开
字　　数	270千字
印　　张	15
版　　次	2022年7月第1版
印　　次	2022年7月第1次印刷
定　　价	68.00元

这部文集是王红军老师一直以来探寻与追求思想政治课堂真谛的真实写照。翻阅文集，有一种朴实、真挚、温暖的感觉。突出的主题、鲜明的观点、充实的内容、丰沛的情感，记录着作者对思政理论课教育教学的认真和执着，抒写着作者对教育事业和教育对象的无私热爱。

  本文集分为感悟篇和策略篇两个部分，其中感悟篇包括授课反思、观课有感和其他杂感，策略篇主要是作者获奖和公开发表的部分论文。无论是感悟，抑或是策略，均是红军老师2008年以来扎根一线教学教研的研究成果。在这本文集里，既有对教育行为的深入思考，也有对课堂操作的亲身践行。虽然不是鸿篇巨制，但都是作者的真实想法和看法，其中不乏真知灼见。在反思和实践的文字中，有的分析了具体授课过程中的得与失，坚持学习一直在路上；有的知晓了学生就是一面镜子，应尊重每一位学生的学习感受；有的记录了观课的一些感悟，体现着"见贤思齐，见不贤而内省"的态度；有的体验着因材施教的原则，为学生提供施展才华和彰显个性的机会；也有的展现了教师宽容的魅力、鼓励的力量；更有发自内心的自问、反思、喟叹……字里行间无不折射出教育的智慧和灵光。

  从教二十多年，红军老师从长江之滨南迁珠江河畔，不仅生活和工作的空间在变，自身角色也在调整，他从一线政治教师转型为基层教研部门的工作人员。但他始终坚持学习，曾在工作10年后再次回归校园攻读研究生。桂子山上，他努力充电，不断突破专业发展的瓶颈，顺利获得教育硕士学位。

  "学而不思则罔，思而不学则殆"原本是对学习者来说的，如果把它套用到教师专业成长上，就成了"教而不思则罔，思而不研则怠"。优秀教师的成长历程离不开教学反思这一重要环节。随着新课程标准的实施和全面推进，教育科研，尤其是有效的教学反思，成为提高教学效能的重要途径之一，成为教师专业发展强有力的助推器。

  在从事专门教学研究的路途中，红军老师一直在提出问题、思考问题，进而形成自己的观念和见解。他始终坚持立德树人的根本任务，把是否有利于促进学生的成长发展作为衡量课堂优劣的重要标准，并且尝试在教学思考引导下进行自觉实践。2010年10月，红军老师作为广东省唯一代表，赴福建省厦门市参加全国高中思想政治优质课比赛，并荣获特等奖。但是，他学习探究的步伐并未停止。为了实现学生的终身发展，红军老师针对课堂教学、教育过程中存在的种种问题，立足学生的真实需求，投身课堂改革，总结和提升教学经验，逐步形成"设情、激情、移情、融情"的教学思想，努力构建生态课堂，逐渐提升学生的课堂获得感。

"经师易求，人师难得。"教师承载着传播知识、传播思想、传播真理、塑造灵魂、塑造生命、塑造新人的时代重任。思想政治教师要给学生的心灵埋下真善美的种子，引导学生扣好人生第一粒扣子。积沙成塔，集腋成裘，涓涓细流终汇成滔滔江海。这本文集是理念的碰撞、记忆的整合、思想的探索、情感的描绘，不仅凝聚着红军老师辛勤教育、潜心研究的智慧与心血，而且彰显出基层思想政治人求索、奋进、创新的时代风采。以王红军老师为代表的思想政治教师群体，既仰望星空，又脚踏实地，正是我们思想政治课可持续发展的脊梁。

"为学须先立志。志既立，则学问可次第着力。立志不定，终不济事。"青少年是祖国的未来、民族的希望，要成为社会主义建设者和接班人，必须树立正确的世界观、人生观、价值观，把实现个人价值同党和国家的前途命运紧紧联系在一起。思想政治课作用不可替代，思想政治教师队伍责任重大。当然，实现立德树人的根本任务，不可能"毕其功于一役"，这需要丰厚的积淀与持续的思考，任重而道远。就像红军老师在《"四情"营造和谐的生态课堂》中所说："当'追求本真，摒弃功利'真正成为我们每一位教育工作者的追求之日，也就是生态课堂欣欣向荣之时。"

胡田庚

胡田庚，华中师范大学马克思主义学院教授，全国教育硕士优秀教师，教育部师范专业认证专家，基础教育教学成果奖评审专家，中国教育技术协会微格教学专业委员会常务理事，荆楚名师专家委员会委员，长期从事思想政治课程与教学研究。

感 悟 篇

策　略　篇

感
悟
篇

授 课 反 思

永远不能低估学生

【课堂片段】

《价格变动的影响》是经济生活的重要入门课，涉及价格、生活需求、生产需求等多个知识主体，需要学生能够读懂一般经济曲线，通过教学引导学生懂得价格与商品需求量之间的一般规律，理解商品价格变动对生产的影响，并且能够分析相关经济现象，提高解决实际问题的能力，增强参与经济生活的自主性，对生活和生产做出正确的、合理的选择。本节课以电子产品价格变化为主线，尝试小组合作学习方式，提供相关话题，尽可能让学生表达和分享，初步达成了预定教学目标。

【课堂随想】

"不登高山，不知天之高也；不临深溪，不知地之厚也。"今天上了一堂科组内的公开课，聊叙几笔，作为课后反思。

昨天下午几个同事临时说要听我的课，我想来到新岗位近一个月了，总是在听别人讲课，也是时候展示一下自己了。

其实，我原本已经备了课，也做好了课件，但是总觉得不太满意，现在有人听课，是压力也是动力。下班回家后，顾不上督促孩子读书、写作业，连给孩子洗澡也让姥姥代劳了。吃完饭就一直坐在电脑跟前，想找个能够一例到底、贯穿全课的鲜活实例，忙到12点，才觉得一堂课基本成形了。但是，课堂的实际进程还是有很多无法预测的东西，归纳如下。

1. 以后应当适当降低难度

从课堂回答的正确率可以看出，在讲到商品价格与需求量的关系时，学生对需求法则"正方向"还是"反方向"理解有疑惑。这一知识教材本身并未涉及，但是教参中做了补充，看来如何处理好教材与教参的关系上还得多动脑筋。

2. 学生始终是课堂的主角

在男女生分组竞赛对互为替代品和互补商品举例时，学生的参与热情高涨，思维也非常活跃，原以为让他们列举课本以外的不太容易，没想到学生的思路比我开放得多。有网球和网球拍、煤气灶和电磁炉，也有手机和充值卡、显示器和主机。

3. 学生是不能被低估的

这节课给我最大的感受就是：绝不能低估自己的学生，任何时候都不能！

在用一个模拟场景分析"商品价格的变动对生产经营的影响"时，我给了学生一个探究情景：假设mp4市场利润降低，竞争激烈，我们该何去何从？有学生不囿于常规，说可以转产开发新产品mp5、mp6！有一男生更是很有见地，用田忌赛马的原理指导产品生产和市场开拓，高中低档全线出击，形成自己的品牌优势，让人眼前一亮！

一堂课上下来，我发现课堂的精彩之处并非自己事先所准备的，而是学生的表现，特别是一些出乎意料的表现。不是有专家说过吗，最体现教师功底的就是对课堂突发事件的处理！

2008年9月25日

旧书不厌百回读，熟读深思子自知

【课堂片段】

今天是全区的高中教研视导时间，九大学科教研员莅临我校听评课。按照学校统一部署，科组长需参与听课，于是我陪同教研员听了三节课，自己上了一节课，最后一节进行听评课的统一交流。

按照教学进度，我准备了一堂联系观的试题讲评课。主要考虑第一单元哲学新课刚结束，接下来是单元测验，于是针对学生练习中存在的问题，开设了这节专题讲评课，重点引导学生认识自身答题的不足，能够进行正确的归因，加强学法的指导。在评课交流过程中，两位教研员对本节课的教学设计、教师基本功给予了充分肯定，特别鼓励了课堂上方法论教学的尝试，我深受启发。

【课堂随想】

"旧书不厌百回读，熟读深思子自知。"结合自我授课的认知，加上区教研室专家和同事们的点评，我对今天的公开课反思如下。

1. 三点收获

（1）学生对基础知识的掌握情况比我想象的好，课堂流程的推进较为顺利。

（2）让学生自己评价答案并打分，大家有一定热情，参与度比较高，也锻炼了学生的辨别、思维、口头表达等能力。

（3）作为方法论要求的课堂，基本实现教学目标，对于学生感性认识到理性思考的飞跃有一定促进作用。

2. 有待提高和改善之处

（1）例题过多，其实可以精选为1～2道题，贪多嚼不烂。

（2）讲解解题方法时，"知识回放"部分展示出来的时间有些仓促，今后可以让学生自己处理，还可以由学生互评，拓展学生参与活动的深度。

（3）教学的观念略显陈旧，步伐迈得不够大。其实，在第一个班上过课后，虽然效果还可以；但是选取的习题量有些大，不如减少题量，让学生多说，可以充分暴露学生在教学内容理解上存在的问题；但又担心怕影响既定的教学进度，完不成教学任务，所以就驻足不前。

（4）在某些细节处理上不够科学，如引导学生做"知识迁移"时，没有充分考虑高一学生的认知水平和思维发展状况，抽象演绎的成分过多，其实可以借助更加具体的载体加以呈现。

通过今天这堂课，还是暴露了我的一些问题，平时自己关上门讲课不觉得什么，现在有人听课就完全不一样了，听课人的建议让我受益良多。我平时有惰性，不会主动去做调整。压力就是动力，使我不断改变、提高自己。

2008年10月11日

吾生也有涯，而知也无涯

【课堂片段】

阶段考试刚结束，从数据分析来看，选择题共80分，其中单选题70分、双选题10分，年级平均得分57分，成绩比较正常。非选择题满分20分，得分率不到50%，成绩不太理想。从答题情况来看，学生的失分原因既有审题失误，也有知识点混淆，还有答题不规范。其实，本次阶段考试的不少题目是平时练习做过甚至是单元测试的原题或变式，一定程度上反映了前阶段教学存在的问题。为了将题目讲清讲透，我计划用两节课时间评讲试卷。为了和学校从第13周开始全面实施的生本理念下的小组合作学习相适应，让师生尽快进入新的角色，我在教学设计上有所调整，课前准备比较充分。

课前备课预设：

（1）教学时间。

两课时。

（2）教学手段。

PPT。

（3）教学方法。

小组合作、展示。

第一课是非选择题，先将学生不同类型的错误答案用PPT展示，让学生评分并说明理由，在此基础上归纳出辨析题和材料说明题的失分原因和解决对策，小组交流然后派代表板演出来，教师再进行点评和总结。

第二课是选择题，先由学生根据参考答案，以四人小组为单位，将单选题中错误率最高的10道题和双选题中错误率最高的3道题找出来，并进行排序，先在组内交流，通过看书、互助等方式先行解决部分错题，将组内无法解决的题目做上记号，再由组间合作探讨解决。如果仍存在困难，则由我讲解解决。

【课堂随想】

"吾生也有涯，而知也无涯。"本次阶段考试的试卷讲评课，我还是做了比较充分的准备。比如考试数据的获取、典型试卷的分类和拍照，和个别成绩异动较大的同学谈心，与部分同学进行面批面改。对于课堂讲评操作和各环节也进行了预设，但是讲完课仍然感觉喜忧参半。

1. 总体效果较好

绝大多数学生通过自评、互评等方式，在小组交流的基础上能够主动地解决问题，课堂合作意识较强。从课堂的话语权来看，学生比我占优势，在小组交流基础上归纳失分原因时有两个班出现主动上台板演的现象，学习的主体地位得到彰显。

2. 时间把握不理想

第一节课除了一个班勉强讲评完预定内容，其他三个班都没有讲完预定内容，影响了第二节对选择题的讲解程度。

3. 教学方式不完美

我在辨析题和材料说明题的讲评时都预先设计了学生上台板演的环节，但是因为时间不允许，对于材料说明题的处理，我做了调整，有两个班是直接点名学生归纳回答，有一个班是留作课后思考，效果不是很理想。由我直接给定答案，与生本理念相悖，但是如果两个环节都由小组交流、归纳、板演，就会导致时间紧张，也会有重复之嫌。怎么更好地处理类似问题，还得继续思考尝试。

4. 解题效果和学生参与度不佳

"一花独放不是春，百花齐放春满园。"选择题组间合作环节，解决疑难的效果和学生参与度体现出不平衡性。当各组代表将小组内交流、讨论后无法解决的错题提出后，有两个班级学生主动性很高，分析过程清晰，参与面较广，效果最好的一个班只需要我讲解一次。但是有一个班级却几乎全部由我包办代替，仅有一个学生解答了一道题目，形成强烈反差。出现这种状态，和学生对基础知识的理解深度和答题规范的熟练程度是直接相关的。我有些担心，生本教育模式全面实施后，这种两极分化现象如果继续恶化，将是很棘手的问题。

2009年4月29日

小组合作学习试行的反思

【课堂片段】

期中考试后学校在高一年级进行小组合作学习的试点，各学科都在蓬勃开展之中。其实，我早就有意识地在做一些改变了，只是步伐不够大，还是在原有条框内进行着微调。比如，试卷评讲课的方式是由我课前将不同类型的错误答案展示给学生，学生评价给分，归纳出问题，分析对策。从学生写的考试总结来看，效果还是不错的。

从《文化生活》开始，小组合作学习正式试行。

首先，从本学期第14周开始，我在各班班主任小组分组基础上，对各小组的组长进行了部分调整。然后，制定了小组合作学习的《评价表》。周五召集各班小组长开会，强调职责，对《评价表》进行解释说明，因为组长是合作学习贯彻落实与否的关键。同时，完成并发放第一框《体味文化》前置学案，并根据学生的建议在前一段学案基础上将"自学提纲"部分删掉，并且明确了各组的分组学习任务。

第15周周二，《文化生活》第一次上课时，四个班我有意识地区别教学，主要是想比较不同的效果。

3、4、6三个班：先由三个小组代表同时展示三个目的知识框架，然后对目的知识分别进行简要讲解（包括教材设置的探究问题），要求其他各组对讲解可以提出疑问。教师最后点评。

5班：先由三个小组展示目的知识框架后，给学生5分钟时间对框架进行评价，直接到黑板上修改，然后教师点评、补充。

从课堂效果上看，4班是第一节，展示用时约5分钟，小组代表讲解比较简练，对"探究问题"直接进行了回答；学生交流环节较好，提出质疑的较多。3班小组讲解"探究问题"时小组代表采用了向学生提问的方式，而学生回答往往不到位，互动节奏较慢，导致时间紧张，最后没有足够的时间进行总结。6班小组讲解时，学生提出质疑时对非主干问题穷追猛打，而讲解的同学对课文的理解深度不够，无法做出较好回答。这三个班都没有时间处理学案上的"能力提升"部分。

5班小组展示5分钟左右，然后学生自由评价、板演修改学生展示的知识结构约15分钟。在此基础上，教师对学生展示的内容和修改的地方进行点评和总结，约10分钟。最后留出了几分钟共同解答了"能力提升"部分，分析最后一个辨析题占用了一点下课时间。

【课堂随想】

清代教育家申居郧在《西岩赘语》里说："只一自反，天下没有不可了之事。"笔者深以为然。自从学校开展小组合作学习课堂改革之后，我也是在不断摸索中前进，有时惊喜，有时惶恐，有时困惑，唯一不变的是反思的态度。

1. 些许收获

（1）学生总体积极性较高，参与度较好，3、4班小组讲解完后可以听到学生自发的掌声。

（2）倾听意识有所增强。

（3）展示、互评的学生逐渐增多，很多学生是原来上课很少参与的。如3班的佳玲，5班的乐静、润峰、婧文，6班的嘉茹、志敏等。

2. 存在问题

（1）前置学案完成质量参差不齐，少数学生没有完成，直接影响学习效果。

（2）学生讲解环节尝试取消或调整，不然课堂任务无法完成，仅仅只是做了教材知识的梳理工作。

（3）学生互评环节各班表现不一，要么限于几个学习较好的学生，要么提出的问题都是细微末节，有的班纯粹为了小组加分而回答问题，目的性过强，某位同学连续回答了4次。

（4）学生阅读和整理、归纳知识的能力还有待进一步培养和提高。很多小组课堂展示的结构只能罗列现象，而不能准确归纳观点或归纳的内容不够准确。记得北京大学温儒敏教授曾经强调："爱阅读、阅读量大的学生，一般学习不会差，而且思维比较活跃，有创新能力，后劲足。"希望我的学生也能如此。

2009年5月19日

人心齐，泰山移

【课堂片段】

如果要给今天四节课的课堂效果排个顺序的话，应该是4班—5班—6班—3班。

3班的前置学案完成情况令人担忧。在巡视小组交流情况时，部分学生桌面甚至没有学案。3班在小组展示时，积极性比较差，学生互评环节的节奏也较慢，教师点评时主动响应的学生也寥寥无几，整个课堂流程推进缓慢。

6班情况要好些，学生互评环节做得不错，一个学生的知识结构图示补充一目了然，给大家整理知识提供了一个良好的示范。

5班的总体状况比前两个班要好些，但是两极分化比较严重，有些组的个别学生游离于小组合作之外。

今天，4班的课在四个班中是最后一节，但是效果却是最好的。学生的参与度和关注度也是各班中最高的。这反映在课堂教学上，就是教师无须多费口舌去维持纪律、反复强调教学环节的重要性，节省了时间，有利于推进教学进度。希望这种状态继续保持，也希望其他班能够逐渐进入这种状态。

【课堂随想】

"人心齐，泰山移。"事实证明，团结协作是一切事业成功的基础，个人和集体只有依靠团结的力量，才能把个人的愿望和团队的目标结合起来，超越个体的局限，发挥集体的协作作用，产生"1+1>2"的效果。

我认为，在同一间学校工作，每个人的角色定位都有相对的独立性，又都与全局相关联，如科任教师和班主任。4班的课堂效果好，首先得感谢班主任汤老师，汤老师以每个小组为单位都发放了合作学习评价表，要求学生每堂课进行详细记载，并在教室张贴着小组学习加分评价总表，做了大量的宣传工作。其次是上课时学生的注意力高度集中，多数学生已经养成倾听的意识。如在学生互评知识结构的基础上，教师总结点评时补充或更正某一知识点的提法，无须强调，大家都能自觉在教材上进行批注和记录。可见，如果一个人只顾自己，不顾他人，不肯与他人协作，势必会影响团队的战斗力和整体形象。

"二人同心，其利断金。"前置学案需要更好地满足学生的实际需求，班主任和科任老师的沟通与合作弥足珍贵。

2009年5月21日

学生的潜能是无限的

【课堂片段】

今天上了3节课，评讲《文化生活学习与评价》上的练习，还是贯彻我的教学思想，坚持以学生为主体，由学生自己提出疑问，相互解答。不能解决的问题，才由老师集中讲解。

第一节，高105班，学生提问后，都是自己解答，效果不错，遇到最后一个疑难题目时，我问大家："现在给两个求助机会，一是我来告诉答案，二是小组交流合作2分钟，然后自由发言。"学生选择了后者。事实证明，学生的潜力是无限的。交流后，针对同一个选项，有三个学生从不同的角度谈了自己的理解，疑难题目也迎刃而解。我的结束语是："今天，大家创造了一个记录，那就是老师'零出手'！希望大家再接再厉！"

第二节，高104班，前面等环节和五班相似，其他问题都是学生自己解决的，直到剩下第三课第二框第17题BC选项时，我抛出求助方案（同五班），原本以为学生会做出与五班相同的选择，因为我一直感觉小组合作学习试行以来，4班是效果最好的班级，特别是学生的参与程度和热情，我想当然地认为他们都会。出乎意料的是大家一边倒地选择让我告诉答案！讲解完后，我也将自己的感受和盘托出。虽然如此，4班的进度还是今天3个班中最快的，剩下的时间还解决了第二课第一框的问题。

第三节课，高106班，原以为学生自我解决疑问环节会一如既往地沉闷或是几个熟悉面孔在孤独"唱戏"，却没想到，自从徐同学开了个好头后，一发不可收拾，每道题都有人讲解，这也是这么久以来我在6班感觉最好的一次。希望这个势头继续保持，能有更多的惊喜。

【课堂随想】

"古人学问无遗力，少壮工夫老始成。"也许是我的执着初见了效果，今天的课堂有两点感受比较强烈。

第一，凡事贵在坚持。本学期我逐渐转变教学思想，由侧重"教师教"向强调"学生学"转变，尊重学生主体，课堂上由学生自己提出疑问，相互解答，学生不能解决的问题才由老师集中讲解。虽然刚开始也遇到了课堂沉闷、学生不敢发言、不愿发言的问题，但是坚持了一段时间后，学生的学习兴趣明显增强了，课堂表现力也在不断地提高，第二，学生的潜能是无限的。在推进课堂改革的过程中，我最开始总是担心，教师少讲或者不讲，会不会让学生产生反感情绪？学生会不会讲不好？会不会影响教学的整体进度？从本学期的教学改革尝试来看，通过师生的磨合与坚持，我深刻认识到，让学生成为课堂学习的主体，实施起来并不是一件容易的事，政治学科能力的提高并非一朝一夕之功。但是就像一句广告词说的："心有多大，舞台就有多大。"如果教师连尝试的勇气都没有，将永远不知道学生的潜力有多大。

2009年6月27日

最后一课

【课堂片段】

这个学期的最后一节课，让我想起自己做学生时学到的都德的《最后一课》和黑板上韩麦尔先生让人震撼的粉笔字VIVE LA FRANCE。

今天课堂的主要内容有两个，一是讲评考前的练习试卷，首先是针对学生正确率在50%以下的题目进行集中讲解，以学生代表分享为主，确有疑难的才是由老师分析，既节约了时间，也突出了课堂教学重点。接下来是主观题，我用PPT展示了课前拍照的几份典型答卷，代表着优中差不同层次，让学生点评分析，从而得出正确的答案和解题思路。二是对本学期的课堂教学改革情况进行简要小结，我宣布在课改活动中积极参与、能力突出的学生名单，以期鼓励先进，营造良好的学习氛围，并且给予适当的物质奖励。

【课堂随想】

今天评讲了考前的一份练习卷后，我宣读了这学期小组合作学习的表彰名单，每班一个先进小组，3名优秀小组长，我给获奖的同学准备了一支可以任意弯曲的手指笔，挺可爱的，学生也很喜欢。

其实，所有的评比过程都是困难的，这次也不例外。实际上，有些班级的小组得分情况不相上下，很难取舍，但是名额有限，所以只有忍痛割爱。客观地讲，各班开展小组合作学习的程度还是有些不一致。从学生参与程度看，4班是最好的；从课堂展示的效果看，5班又略占优势；3班、6班则和上述班级存在较明显的差距。同样，一个班级内部也存在发展不平衡的问题，这种情况在四个班级都有不同程度的表现，也是我今后工作要有所调整的方面。

2009年7月4日

重视学生每一次的动手机会

【课堂片段】

9月30日的第八节课，是国庆、中秋长假前的最后一节课。临近放假，学生的心情自然有些激动。上课铃响过后，学生仍然议论纷纷，憧憬着假期。

上课伊始，我首先表示理解学生此时的心情，估计很多学生没有午休，而是在做放假前的计划和安排。得到了大家的肯定回应，于是在和学生达成思想共识的基础上，我提出明确要求：希望同学们坚守最后的40分钟。从课堂效果看，同学们是讲诚信的，因为还拖堂了约3分钟，也没有出现躁动现象。

上课后，我先订正第九课学案上的练习答案，大家手上的卡片同时举起，蔚为壮观。另一收获，就是今天学生义务性地将ABCD的白话版传授给我了。接下来，对上次课布置的学生分组的命题用PPT进行了展示和评价，一共有11组交了，包括9道选择题，其中2道多选题，2道非选择题。概括起来讲，有些题目命制还不够规范，甚至有错误，但是只有2题不是原创，还是好过我的预期。让大家做自己所出的题目的过程是有意义的，学生都很认真，当学生发现题目的遗漏和缺陷时，也有会心一笑，我觉得这比我在课堂灌输多少理论都要有效。

最后，我不失时机地给大家补充了以后自主命题工作的两个基本思路，即先定知识点，再选考查方式，有四点基本要求，即原创性、重点性、科学性和时效性。

【课堂随想】

1. 针对课堂情况，及时做出调整

因材施教绝不是一句空话，特别是了解学生的心理，与学生的期望达成一致，得到学生的理解和认同，有时会起到意想不到的作用。

2. 重视学生的每一次动手机会

苏霍姆林斯基曾说："儿童的思维离不开动作，操作是智力的源泉、思维的起点。"可见，重视动手、实际操作对于学生智力发展是非常重要的。即使学生没有太重视某一次作业或练习，但是老师绝对不能不把机会当机会，要进行认真总结和提升，并且注意正确地引导。我的理解是，某项学习任务，要么不布置，一旦布置就一定要落实，给学生一个交代，至少不能让学生产生敷衍的错觉。因为，我们不是一直强调"言必行、行必果"吗？！

2009年10月1日

知之者不如好之者

【课堂片段】

今天上了三节课。

一班的学习任务是《哲学史上的伟大变革》，本课理论性很强，内容也不少，包括马克思主义哲学的产生、马克思主义哲学的基本特征和马克思主义中国化的理论成果三个子目，如果按部就班地推进，时间是不够的，所以本课重点放在第二个子目，主要解决学生存在的疑惑点。五班今天学习《关于世界观的学说》，本课难度并不大，但是概念较多，如世界观、方法论、哲学、自然科学、社会科学，容易混淆，因此教学重点放在概念的识别和理解。四班讲《生活处处有哲学》，这是哲学的入门课，概念和名词不多，重在感悟，所以本节课培养学生对于哲学的兴趣很重要。

【课堂随想】

心理学研究表明，兴趣是一个人能够克服一切困难并一如既往坚持不懈取得成效的内驱力。《论语·雍也》记载："知之者不如好之者，好之者不如乐之者。"这也强调了学习兴趣的重要性。相比经济、政治，哲学教材的内容更加抽象，需要引导学生科学地、辩证地认识世界，解决现实问题。所以，培养学习兴趣和基本的哲学思维非常必要。今天三个班级的上课进度不同，授课感受也略有差别。

一班重点讲了大家提出的疑问，即马克思主义哲学的理论特征。其他两个问题，即马克思主义哲学产生的主要条件、马克思主义哲学中国化的主要理论成果则略去没讲。即便如此，仍然没有讲完，学案设计的表格和练习没有时间处理，只好留到课后，全靠学生自觉学习了。

五班解决了三个概念，即世界观、方法论和哲学；两对关系，即世界观、方法论和哲学的关系，哲学和具体科学的关系。感觉效果还行，又是理科班，学生思路比较活跃，总体状态也不错。最后，处理学案上的练习时，听到了下课的音乐声。

四班是《哲学生活》的第一次课，刚上课时，学生有些不在状态，需要和往常一样维持纪律，我以为今天会和往常一样在喧闹中度过。但是事实证明，我犯了主观主义的错误，至少是90%的学生，很快进入了状态，可以说今天的课是开学以来我最满意的一堂课。虽然仍有学生游离于课堂之外，虽然仍有学生没有完成学案、不做笔记，但是整体的课堂流程是完整的；绝大多数学生跟着我的思维，一直到课堂结束都没用我再花工夫去处理非教学问题。希望这种气氛以后一直能够保持下去。

2009年11月25日

欲速则不达

【课堂片段】

今天开始《经济生活》第四课的复习，两节课只讲解了生产与消费的辩证关系、国有经济的主导作用和公有制经济的主体地位（没讲完），感觉进度太慢，仿佛是新授课一样。

第一节课，我引导学生阅读第26页的单元知识结构图就花了半节课时间，因为大家对于"生产的制度背景""生产的微观主体"等说法很陌生。后来，我不得不给大家解释"经济制度"和"基本经济制度"的不同、"生产的微观主体"和"经济活动的微观主体"的差异等内容。

【课堂随想】

课后反思，这种局面的出现是多原因的。

首先，经济生活是两年前学的，时间久远，而且有些学生没有想过今后还会再学习这本教材，因此知识的掌握有些生疏。

其次，和第一单元《生活与消费》相比，本课涉及基本经济制度，距离生活相对较远，理论比较抽象，理解难度大。

再次，我也有责任，教学的针对性和适切性不足。我总想在课堂上把知识一次性教给学生。但是，越想一次讲清楚，产生的问题就越多。加上这个班学生整体基础薄弱许多，自主学习的意识和习惯尚显不足，我备课时没有充分考虑这些因素。

比如梳理本单元第六课《投资理财的选择》的知识线索时，我先设问："常见的投资理财方式有哪些？"多数同学回答"保险"，但是没有注意"商业保险"和"社会保险"的差别。于是我继续追问二者的不同，得到的却是集体性沉默。于是我赶忙补充"社会保障"的相关内容，并结合第一单元刚考过的一道例题：

（2011福建文综）扩大居民消费必须使居民"有更多钱花""有钱更敢花""有钱花得舒心"，与之相对应的有效措施是（　　）

①促进就业　　　　　　　　②提高恩格尔系数

③健全社会信用体系　　　　④扩大社会养老保险覆盖面

A.④—③—①　　　　　　　B.①—③—④

C.①—④—③　　　　　　　D.②—④—③

其实，昨天晚自习已有3名学生先后问了这一题，特别是对于"有钱更敢花""有钱花得舒心"很难区分，一定程度上反映出对此知识点的疑惑。但是我觉得已经连续讲解了两节课的练习题，复习进度落下了，所以为了追赶教学进度，就进入新内容的复习了。《论语·子路》里明确指出："欲速则不达，见小利则大事不成。"现在看来，我还是只看到眼前的问题，而忽视了整体教学节奏的科学把握。

教训深刻，吾当自省。

2011年10月19日

把握上课节奏

【课堂片段】

本学期学校推进课堂教学改革，年级要求每人要上一节提高课堂效率的探讨课。我心想，迟早是要讲的，于是选择了星期一的第二节。

课堂的主要内容是第一轮复习第九课的主观题讲评，主要思路是先评讲试题，然后完成课堂的限时训练。前者主要是通过展示典型答案，学生分析、互评，然后教师必要点拨。后者由学生代表上台板演，师生互评。主要目标是进一步明确主观题解题中存在的不足，掌握经济类主观题的特点，提升获取和解读信息、分析和运用文字表达等高考必备能力。

【课堂随想】

"鱼，我所欲也；熊掌，亦我所欲也。二者不可得兼。"从教学目标来看，本节课作为一节高三毕业班的一轮复习课，主要是通过重难点讲解和限时训练落实考纲要求的基本能力。从限时的情况和学生当堂展示来看，总体预期算是基本达到了，高考要求的几种能力，特别是获取和解读信息、调动和运用知识的能力得到了较好的锻炼。但是，前面讲评的节奏稍慢了。课堂上学生对于练习题的分析较为深入，学生的主体作用得到较好体现，但是花的时间多了些，最后限时训练只有11分钟，只够完成答案，没有及时反馈点评的时间了。其实。自己还准备了"变式思考"，如果再多5分

19

钟就可以了，有些遗憾。"收"与"放"如何有机统一，真不是一件容易的事儿啊！

2011年12月12日

重视学生学情

【课堂片段】

这几日异常忙碌，此时终于可以静下心来做个简短的小结。应区教研室要求，我到狮岭中学上了一节高三备考的复习课。按照该校的复习进度，是经济生活第三单元的第八课，本课由两个框题组成。由于时间关系，一个课时只能解决"财政"这一话题。虽然这在本校已经是复习过的内容，但是我平时的复习课怎么拿得出手？加上又是异地教学，全区的公开课，于是我将原来的设计推倒重来。过程颇为辛苦，但也是难得的历练过程。

教学基本流程如下：

1. 课前准备

课前提前两天发放前置学案，要求学生完成相应预习工作。

2. 课堂授课

（1）知识归纳。

首先，在黑板上通过动态生成的方式，厘清第八课在第三单元中的地位；

其次，用"一二三四"概括本框的核心知识："一（一项义务）、二（两个概念、两对关系、两个因素）、三（三个特征、三种作用）、四（四项行为）。"其中，"一项义务"即依法纳税的义务；"两个概念"即财政和税收；"两对关系"即财政收入与财政支出，"两个因素"即影响财政收入的主要因素是经济发展水平和分配政策；"三个特征"即税收的三个基本特征，"三种作用"即财政的三个主要作用；"四项行为"是指违反税法常见的四种行为。

再次，对应考点，简要解读高考考向（见表1）。

表1

	高考大纲考点		考向与趋势
财政	财政收入与支出	财政收入的构成	近年高考题，从材料背景看，命题贴近现实生活、社会实际、国家大政方针，取材灵活。从题型设置看，选择题与非选择题兼顾。选择题主要考查解读和分析材料的能力；非选择题多以图表、漫画形式呈现，多依托国家方针政策，设问方向主要集中在措施类和意义类，并且答案经常结合时政观点。从知识考查看，主要有财政的作用、依法纳税义务、财政收入与支出、影响财政收入的因素等。在2012年高考中，仍将是高考考查的重点和热点
		税收与财政的关系	
		影响财政收入的因素	
		财政支出	
		财政支出的构成	
		财政收支平衡	
	财政作用	财政与基础设施工程	
		财政与宏观调控	
		财政与人民生活保障	
税收	税收及其种类	税收的含义	
		税收的基本特征	
		税收的种类	
		税收的作用	
	依法纳税	纳税人	
		负税人	
		依法纳税	

（2）核心解读

在征求学生意见的基础上，略去财政的含义、实质、运作方式、构成等知识，重点分析财政的影响因素、财政收入与支出的关系以及财政的作用等知识。接下来做一道连线题，主要考查学生对于"财政支出构成的五方面"（经济建设、科教文卫、行政管理和国防、社会保障、债务支出）的正确认识。从课堂反馈来看，学生正确率较高，说明狮岭的学生有较强的自主学习意识和较好的知识基础。

【课堂随想】

（1）重视学生的学情，以学生的实际认知水平为依据，进行课堂授课。

（2）强调知识的串联和整合。如分析"我国调整财政政策和货币政策"时，引导学生认识主观与客观具体的历史的统一；补充"三公经费"时，引导学生从政治生活的角度理解。

（3）引导学生关注时政，如"三公经费""我国对小微企业的税收优惠政策""近3年首次下调金融机构存款准备金率"等。

（4）讲练结合，注意知识的运用，尤其是易错易混点。如分析"财政的作用"时，自主命题两道，借鉴一道2010年江苏高考题等。

（5）由于是异地教学，对学生的真实水平不是很了解，所以教学进度有些慢，原本设计了一道主观题的练习和"变式训练"，但由于课堂前半部分对于知识的分析耗时较多，没有留给学生充分的书写时间，不利于主观题答案的生成，没有完成原本的设计，实为遗憾。在后续的教学实践中需更加恰当地处理二者关系。

2011年12月25日

鼓励和鞭策

【课堂片段】

今天上课，虽然是异地教学，但和学生是第二次见面了，我送给学生两句话："如果你考得不好，请鼓励自己：这不是高考！""如果你考得好，请提醒自己：这不是高考！"既是鼓励，也是鞭策。

从课堂流程上看，本课的基本设计是：数据分享—错题归因—知识回归—变式训练—学法归纳。数据分析重在鼓励，比如全班平均56.2分，及格人数15人，一枝独秀的李同学拿到91分，非常厉害。接下来，我对选择题得分率较低的题目进行了归纳分析（见表1）。

表1

题号	答案	正确率	选A	选B	选C	选D
9	C	36.1	4	2	13	17
10	D	47.2	2	16	1	17
11	A	19.4	7	15	11	3
13	D	27.8	0	26	0	10
14	B	13.9	15	5	3	13
19	C	11.1	21	4	4	7
21	D	41.7	18	0	3	15
23	D	33.3	4	13	7	12

在讲解选择题错题的时候，我关注了以下几个基本点。

第一，引导学生注意题目考查的考点、典型错误及其原因。第二，引导学生及时回归课本，特别是政府职能的主要内容，通过识别和举例，让学生夯实自己的知识库。第三，加强变式，课堂上限时训练，引导学生学以致用，真正锻炼学生能力。

在主观题的讲解过程中，我提供了几份不同层次的典型答卷，由学生点评，教师只是充当评价、补充的角色。随后进行变式："运用所学政治生活知识，说明政府为什么要高度重视就业问题？"引导学生从"必要性""重要性"两个角度思考，特别强调学生注意"慢审快答"。最后，我提出了课后延伸任务。要求学生以学习小组为单位，通过合作学习，思考总结：第一，在本次练习中主观题方面自己的得与失？第二，还有其他的思维变式吗？

【课堂随想】

接到区教研室通知要求，我去狮岭中学上一节练习讲评课后，我就开始忙碌。第二天上午命题结束发给狮岭中学的H老师，然后周一晚上收回二卷，批改主观题。又根据一卷数据和二卷情况，紧张备课。中间还得兼顾完成河源市一模的试题改卷和评讲工作。忽然发现，这几日就没有在晚上十二点前合过眼。

课堂效果基本达到了我的预期，终于松口气了。

2012年2月18日

教师课堂应变能力的重要性

【课堂片段】

广州一模因其特殊性，被各方面予以足够的重视和关注。周四、周五考试，周六改卷一天，周日下午集备，次周二赴花都二中进行试卷评讲课的异地教学，本周基本上都是对这份试卷的分析和总结。为了让异地教学更有实效，我事先与花都二中做了一些必要的沟通，得到了老师们的大力支持。

为了让学生明确本次一模考试哲学部分的重要知识点，我提供了一个表格（见表1）。

表1

	选择题			非选择题		
	题号	分值	考查知识	题号	分值	考查知识
必修四（28分）	33	4分	哲学含义、意义	37（1）	8分	一分为二、两点论与重点论、发展观
	34	4分	意识能动作用、联系的客观性、实践与认识关系	37（2）	8分	价值判断与选择
	35	4分	量变与质变、矛盾同一性、现象与本质			

接下来的流程是选择题和非选择题分析，都是重在方法的归纳，让学生在分析典型答卷中形成初步认识，向优秀的标准看齐。由于是异地教学，对生情不能精准把握，所以我在调动学生课堂参与度上花了比较多的时间，非常关注学生之间的互动。

【课堂随想】

这次的异地授课，重点是分析哲学模块的考题。我已经考虑到学生情况的不同，但实际授课时的情形仍让我吃了一惊。学生习惯于等待教师给出现成的答案，不太习惯独立思考，回归教材的意识明显不足。面对这种情况，我临时对教学进度进行了调整，重点分析了选择题，材料题主要是加强了审题的规范，然后提供了典型答卷，进行了生生互评。原本准备在课堂上完成的变式训练，因为时间的关系，只能留作课后作业。

"没有最好，只有最适合！"总体感觉，我的教学调整还是符合花都二中学生的学情的。这次异地授课让我接触到不同生源的学生，多了一份体验。其实，我一直认为，一堂课的精彩绝不是由教师事先预设的，一步步按部就班地推进，那样过于程式化，课堂的亮点应该是来自学生的未知，这更是对教师课堂应变能力的考验。

2012年3月22日

见贤思齐

【课堂片段】

作为本次南通培训班唯一一名高中政治学科的成员，我有幸承担了异地教学的任务。但是，这次准备实在仓促。9月23日下午接到授课任务，24日继续在华师接受全天培训，25日中午的航班，不得已带上了电脑，当我培训班的同学们都呼朋引伴地去欣赏南通景色时，我只能在酒店里备课。由于我带的微型本不能连接有线网络，酒店大堂才有网络。于是，我连续几天晚上都去酒店大堂备课。

9月29日来到南通一中的校园，通过学校宣传栏，我知道了这所学校是江苏省四星级示范高中（五星级空缺），在南通城区社会影响力仅次于南通中学，拥有5名特级教师，其中政治学科就有2名，而和我同课异构的张园园老师赫然在宣传栏上。那一刻，要说没有压力绝对是假的。但是，事已至此，我只有给自己加油鼓劲。

同课异构的地点是在南通一中的行果楼二楼微格教室，课题是人教版必修一《经济生活》的《消费及其类型》。我是第二节，在惴惴不安之中听完第一节张园园老师的课，授课和听课感受概述如下。

主讲：南通一中张圆圆，江苏省特级教师。

（1）重视知识讲解的清晰和准确，抓住"居民收入"这一核心知识，从主要因素、根本因素和其他因素逐层分析，思路清楚，讲解到位，体现着知识体系的完整性。

（2）注意创设情境，引导学生分析解决问题。比如提供漫画情境分析买房消费，识别钱货两清和贷款消费；比如以某学生暑假生活及贷款买房实际为例，认识和比较不同的消费类型等。

（3）适当补充知识，如影响消费水平的其他因素、居民消费心理、通过恩格尔系数了解消费结构等。

（4）学法指导。注重引导高一学生读图、获取有效信息的能力，先后出现了消费心理变动曲线图、恩格尔系数图，还提供纺锤形收入结构和金字塔形收入结构图示，让学生在对比感悟中体会"收入差距影响社会总体消费水平"这一难点知识。

（5）情感态度价值观。例如，正确认识我国成为全球第一奢侈品消费大国，引导学生立足国情，合理消费；分析贷款消费时提醒应该按时还贷，讲求诚信意识；通过学生课前对高中生消费情况调查的总结反馈，引导学生树

立科学的消费观。

【课堂随想】

人们常说"全国教育看江苏，江苏教育看南通"，这次南通一中异地授课虽说是一次额外的任务，但更是让我向优秀的江苏同行学习的大好机会，算是见贤思齐吧！

（1）情境式教学。以教师初到南通、想深入了解南通、寻求学生的帮助为切入点，激发学生热情，迅速参与课堂。

（2）学生活动主题贯穿全课，模拟现实生活的消费行为，以"小鬼当家——友情篇""小鬼当家——归类篇""小鬼当家——理财篇"为主线。

（3）教材知识重新建构，没有机械照搬课本顺序，而是从本课异地教学的实际出发，以具体的消费现象为切入口，在感性认识的基础上进行理论提炼，即"消费类型"。然后以国庆假期为背景，假设去广州旅游如何合理安排家庭消费支出，从而归纳"影响消费的主要因素"，注意动态生成，由当前可支配收入、未来收入预期，到社会总体的收入差距的认识，保证知识的完整性。

两点遗憾：

第一次在微格教室授课，有点不习惯，在多只摄像头的监控下，课堂教学行为不够自如，还是没有放得开。

时间掌控上有些前松后紧，导致"影响消费水平的因素"这一主要知识点没有充足的时间进行完整的归纳，只能作为"学习探究"留到课后去了。

2013年9月29日

《色彩斑斓的文化生活》授课反思

【课堂片段】

1. 本课地位及分析

本课是第四单元《发展中国特色社会主义文化》的第八课《走进文化生活》的第一框题。本框题初步介绍当代文化生活色彩斑斓，学生面对的是多种文化选择，但是必须有所倡导，即大众文化。

本课由三个子目构成，即"当代文化生活素描""文化生活的'喜'与'忧'""发展人民大众喜闻乐见的文化"。基本上遵循从现象到本质、由浅入深的顺序，从当代文化生活丰富的表象入手，然后分析文化市场和大众传媒的发展两重性，最后落脚点为发展人民大众喜闻乐见的大众文化，强调先进、健康的文化引领。

2. 基本思路

（1）历史和现实的统一。如老照片课堂导入，通过对比让学生感受当代文化生活的丰富多彩。

（2）现象和原因的统一。如当代文化生产与消费的特点及其原因、文化生活的"喜"与"忧"的主要表现及其各自归因等。

（3）感性和理性的统一。提供大量鲜活、丰富的素材，采用文字、图片、视频等多种形式加以呈现，引导学生关注课本，实现理论思考和回归。

【课堂随思】

1. 课堂亮点

总体来看，授课前我认真研读教材，站在学生的理解角度，尽量科学筛选课堂素材。授课的过程中，学生注意力集中，积极参与课堂活动，师生互动和谐，课堂氛围自然、融洽。

（1）授课素材的选取上坚持趣味性、科学性、导向性基本原则。选取70后文化生活剪影；加强文化市场的管理；党的十八大关于发展大众文化的最新解读，等等。

（2）课堂贴近学生、贴近生活、贴近实际。教师关注学生课堂的表现，及时回应学生对教师提问的回答。

（3）遵循从现象到本质的归纳法教学，符合学生认知规律。

（4）注意渗透情感态度价值观，弘扬正能量。

如通过QQ群热帖的识别，提醒学生提高自身素质、明辨是非；如利用《中国合伙人》视频片段，指引学生积极向上，激发正能量。

2. 遗憾及改进

（1）贾谊在《新书·容经》里指出："故过犹不及，有余犹不足也。"今天的课堂上，教师预设的成分过浓了，学生表达自己观点的发言机会略显不足。

（2）课堂高潮安排过早，学生在第一子目探究时兴趣被充分调动，而后半节课学生兴趣不足。

2013年10月24日

"优点与缺点"的反思

【课堂片段】

今天的课堂，课题是坚持两点论和重点论的统一。本课一直是教学的重点和难点，也是高频考点。尤其是主次矛盾和矛盾主次方面的识别问题，如何做到深入浅出，至关重要。没想到课堂的一个小环节引发了我更多的思考。

在分析矛盾的主要方面和次要方面的时候，我依托"金无足赤、人无完人"的古训，试图引导学生正确看待自己、同学、老师和家长。为了活跃课堂气氛，同时让学生学以致用，我请学生分享自己的优缺点。

在高201班，我点了温同学。选择他的理由主要有二：一是平时上课很积极，回答问题也比较到位；二是觉得男生在这个问题上不会像女生那么有顾虑。但是，温同学站起来许久，才说："感觉我没有什么优点啊。"（有学生在下面打趣：憨厚、老实、忠厚……）我有点意外，继续问：那觉得自己有什么缺点或者不足呢？他倒是没有犹豫："比较懒散，不够积极。"

无独有偶，在高202班，我请江同学分享的时候，身材高大的他站起来后，有点脸红，不好意思的样子。

"优点啊？我没有优点！"

"我的缺点？有啊，嗯，不够勤奋、容易累（我的理解应该是容易倦怠），还有就是有时候太喜欢玩……"

我看他仍有继续发言，勇于自我剖析的势头，和自己的课堂预设有差距，于是及时打住江同学的话。

【课堂随想】

（1）学校的办学理念是"让学生迈向成功"，教学理念是"追求课堂效益，激励学子成长"，此处的"成功"显然不仅是学业成绩的成功，更包含思想品德、为人处世、心理素质等多方面的成功。我从今天课堂的细节观之，学生在如何正确地看待自己、看待他人的时候，不够积极，不够全面。如果对自己都没有信心，还能奢望他人的肯定吗？

（2）原本是想引导学生正确认识自我的优缺点，从而提升到矛盾的主次方面的理论高度。但是学生反馈与我的预设存在差距，虽然在学生回答之后，我都尽可能帮他们寻找优点，也试图活跃气氛。诸如"××同学淡定、低调，勇于自我批评，有这样的勇气是非常难能可贵的"。但是，从学生似笑非笑的表情来看，明显有点苍白。

（3）难道是学生一直受到"满招损、谦受益"的教育，能勇于直面自己的缺点和不足，却不能积极地肯定自己？对自己没有肯定，必然对他人求全责备。在这样消极、排斥的气氛下，人际关系如何才能和谐？

我们常说，好孩子是夸出来的。同样，好学生也是夸出来的！我国台湾作家刘墉曾说，好的老师就像是磁铁，它能连串地吸引学生，并使学生影响更多的人。它能使平凡的针成为罗盘，散乱的铁砂排列图案。最重要的是，它公平对待每一个学生，不论它是大的铁块，或是小的铁屑。如果对学生"批评"总是大于"鼓励"，长此以往，容易让学生"觉得自己不行""什么也不行"。

也许是我的课堂问题太仓促，学生没有充分的准备，应该让学生们课前有所准备，或者先小组交流。

勇于说出自己的优点，敢于说出自己的不足，才是一个自信、大方的学生应有的模样。在今后的教学中，我会更加注意引导学生建立自信。

2014年3月10日

体会得失　感悟收获

——《市场配置资源》教学反思

【课堂片段】

本节课的主题是《市场配置资源》，是校级公开课，既要考虑思想政治学科专业的科学性，也要体现公开课教学的特色展示，因此本节课的教学设计安排分为三个部分，即"走进市场""规范市场""对市场的再认识"，通过铺设理论主线，建构主体知识，激发学生思考。基本流程如下：

第一部分——走进市场

1.情景创设导入

视频资料《saving energy》。让学生明确电力资源的有限性，形成感性认识，初步养成节能、环保意识，为导入新课做准备。

2.探讨课前预习探究题目

针对我国电力资源的现状及存在的突出问题，如何缓解电力紧张现象？

（1）学生代表展示课前预习的研究成果。

（2）问题：从小组展示中，我们可以发现什么矛盾？解决这一矛盾可以通过哪些方式？

（3）师生分析、归纳：要解决电力资源的有限性和人类生产、生活用电需求无限性的矛盾，可以通过西电东送、提高电价、分时定价、节约用电等方式。其中有以国家、政府为主体进行的计划调节，也有通过价格、供需进行的市场调节。

3.背景材料：《我国微波炉市场的变化》

20年前，微波炉作为新产品进入中国市场，受到市场追捧，一时间供不应求，成为高利润的行业，很多国内的家电厂家投入到微波炉的生产（格兰仕、海尔、美的等）。加入WTO以后，国外企业也纷纷加入（Samsung、Panasonic、LG等）。微波炉市场逐渐饱和，价格战从此成为市场竞争的主旋律，微波炉也成为微利润的行业。

2004年6月，三星集团表示，决定中止在中国生产微波炉。随后，松下公司也逐步撤出中国市场。

问题：20年来，我国微波炉市场发生了什么变化？你能运用已学知识用图式简要表示这个变化过程吗？

学生思考、回答（略）。

教师归纳：从这个流程图我们可以发现，通过价格和供求的变化，引导着资源在不同的部门之间进行分配，这就是市场配置资源的具体方式。

4. 背景材料分析

背景材料：《高度集中的计划经济》

19世纪60年代，辽宁省沈阳市有两个厂，一个是第一机械工业部的电器厂，一个是冶金部的冶炼厂。两厂一墙之隔，但是没有任何经济联系。因为计划经济条件下都是由各部门统一管理，电器厂需要的铜要由机械工业部在全国调配，而冶炼厂炼出来的铜则要由冶金部调往全国。本来这两个企业的供求关系很简便，结果却绕了很大的圈子，导致资源严重浪费。

背景材料：《从微波到光波》。

目前国内微波炉市场已基本为国产品牌占领。2004年格兰仕率先推出技术更为成熟的光波炉。2007年8月以来，美的在"紫·微·光"技术上大做文章，推出了"食神蒸霸"；海尔的代表性产品则是"蒸汽转波炉"。

在激烈的市场竞争中，各厂家密切关注市场供求关系，敏锐地抓住消费者不断提高的健康、营养需求，致力于技术改造和产品出新，促进了整个行业劳动生产率的提高，提高了资源的利用效率。目前，中国已成为世界最大的微波炉（光波炉）生产和销售基地。

问题：对比上述两则材料，你认为由市场配置资源有哪些优点？

学生回答（略）。

教师点评：实践是检验真理的唯一标准，和单一的计划调节相比，市场配置资源灵敏、快捷，而且有利于市场竞争，不断提高社会劳动生产率和资源的使用效率。可以说，是历史给了我们最好的选择，市场经济极大地促进了社会主义生产力的发展。

第二部分——规范市场

1. 问题

篮球场上的规则和秩序保障了球员技术的充分发挥，让我们欣赏到高水平的篮球比赛。市场如赛场，要发挥市场配置资源，同样需要一定的市场秩序，良好的市场秩序有利于资源的合理配置。那么，我们究竟需要怎样的市场秩序呢？

探究活动：将全班学生分为准入组、竞争组和交易组，分别设计探究问题，然后各组推选代表发言，同组成员补充。

交易组问题：作为消费者，你遇到过类似的烦恼吗？你觉得这对市场交易的正常进行有什么影响？

学生分组回答（略）。

教师点评：各组代表的发言告诉我们，要维护市场秩序，离不开市场准入、市场竞争、市场交易等规则。在规范市场秩序的过程中，有一种原则、制度是非常重要的，大家知道是什么吗？

2. 背景材料《同仁堂》

问题：同仁堂三百多年的发展历程给我们什么启示？社会诚信制度的建立只是企业的责任吗？

教师点评：可口可乐公司总裁伍德拉夫曾对世界宣布：即使公司在一夜之间化为灰烬，凭着可口可乐品牌资产，可口可乐仍会在很短的时间内重建帝国，就是因为可口可乐的巨大的无形资产。市场经济就是诚信经济，诚信是一个企业生存发展的关键。从经济学的角度讲诚信是一个企业持续发展的源泉，是企业的无形资产。

第三部分——对市场的再认识

问题：通过学习，我们知道了市场通过价格、供求、竞争来调节资源配置有它的优点，那么任何领域都可以由市场来调节吗？市场调节是否万能呢？

1. 教师创设情境，学生角色扮演

情景模拟：离消防部门远近不同的两地同时发生火灾，双方都打了119，假如现在只有一辆消防车可以出动，如果让市场来调节，你认为会出现什么情况，带来怎样的后果？

问题：上述模拟情景说明什么问题呢？

学生回答：这说明并非所有领域都由市场来调节的，市场调节并非万能。

2. 归纳小结

市场调节是一种有效的资源配置方式，但市场并不是万能的。市场有效地发挥作用，必须具备公平、公正的市场秩序，并不是任何市场经济都能实现资源的合理配置的。那么怎样克服市场调节的局限性，充分发挥市场在资源配置中的基础性作用呢？这就需要加强宏观调控，我们下一节课将要继续探究。

【课堂随想】

对我而言，虽然这不是第一次上公开课，但因为是新教材的内容，加上学生对象的明显变化，刚接到任务时还是有些没有把握。特别是在课程结构上和探究材料的选取方面上有个抉择的问题，应该说是经历了一个"痛苦"的思考和准备过程。从最后的课堂效果看，基本达到教学预设。现总结反思如下。

1. 课前准备较为充分，以教材和教参为依据，对教材知识结构进行整合

因为是第一次接触人教版的新教材，需要对自己原有的知识储备进行筛选，掌握最新的观点提法和知识框架。备课时，我认真钻研了教材内容，把握教材知识主线索，并结合教参对教材知识结构做了整合，以市场为主线，设计了三个情境：走进市场、规范市场和对市场的再认识。这也是符合学生的认知顺序的。

2. 适当选取教学实例，尽量贴近学生的生活实际和思想实际

新课程理念强调学生的主体参与和主体地位，因此教学所需要的案例不仅要典型，还要贴近学生的生活实际和思想实际。备课时，我所选案例是以我国电力资源的紧张状态这一现实问题为切入点，引导学生发现资源有限性和对资源需求无限性之间的矛盾，从而引出对资源进行合理配置这一中心议题。

3. 精心设计教学活动和情境，注重知识和结论的合理生成

本课有两条线索，以知识建构为暗线，贯穿始终的探究活动为明线，以典型教学情境和活动为思考背景，注重对学生思维的引导和启发，强调由学生自己在探究、讨论和合作过程中得出结论。如在"走进市场"环节，由学生代表展示课前探究活动的成果，引出市场调节的必然性；在"规范市场"

环节，以NBA赛场需要竞赛规则自然导出市场同样离不开良好的秩序。让各小组充分讨论，通过互相合作解决探究问题。在"对市场再认识"环节，由学生表演模拟场景，以直观形象的方式让学生明确市场调节的领域并非万能，有利于训练学生的逻辑思维能力。

4. 以实现教学目标为己任，强调知识、能力和情感态度价值观的统一

在落实教学大纲知识目标的同时，注重学生能力的培养。如依托我国微波炉市场的变化，要求学生结合已学的知识——价格变动对于生产的影响，对市场配置资源的具体机制分析，实现新旧知识的融会贯通，同时养成学生用"已知"推导"未知"的思维习惯。在情感态度价值观上，注重合理渗透，并在课程结尾部分设计了学生"最想说的一句话"环节，学生可以任选本课所学的知识内容，谈谈自己的启示、感悟或困惑，并在学生自由发言的基础上以诗歌《拥抱诚信》作结，实现认识上的升华。

当然，这堂课仍有些遗憾之处，可以在一些细节的地方处理得更好。

（1）在时间分配上还应更加合理，收尾阶段显得力度不够。

因为在一楼听课室上课，下午第一节课前有午读，所以学生到教室的时间有些晚，开始上课的时间晚了两分钟，所以我上课时有些赶进度，特别是最后学生谈启示环节显得不够充分。

（2）板书与教学进度不完全合拍。

这与课室的黑板位置有一定关系，也有自身的问题，以后应该将二者更好地结合起来。

（3）课堂上的一些细节可以处理得更加细致。

对学生讨论环节的点评，语言不够简练。在将"三性"与材料进行结合分析时，可以给学生更充分的思考空间等。

最后，我要感谢组内的老师们，当我"闭门造车"时，很难发现存在的问题。在正式上课前一天的试讲中，很多问题都暴露无遗，如材料的过于繁杂、落实教材知识力度不够等。正是组内老师的指点和帮助，让我重新审视了这堂课的结构，并对材料进行了精选，加大了对情感态度价值观的渗透，才有了更好的这一堂课。

"问渠那得清如许，为有源头活水来。"学校举办评优课的目的是更好地促进一线教师课堂教学水平的提升。对我来说，这次比赛绝不是终点，只是又一个新起点。现在，比赛结果已经不是我最关心的，因为在这次评优课的准备和上课过程中，我的收获更为重要，而且其他老师的无私帮助也是我今后继续奋斗的动力。

2015年10月15日

观 课 有 感

形式与内容的统一

——广州市第63中学听课归来

【课堂片段】

前周，我校组织所有的科组长、各级备课组长和部分行政人员到广州市第63中学听课学习，据说该校是广州学习杜郎口经验最早、最系统的学校，而且已经初显成效。

本次活动共听了三节课，一节语文课、一节政治课、一节数学课。

语文老师是一位年轻的女教师。以高考语言要表达得简练、生动等要求为知识核心，她展示了一些错误答案实例，通过学生分析、评价，建立正确的写作模式。从课堂效果来看，与教师预期有较大差距。建议教师应该更加准确掌握学生情况，给学生提供正确的样文答案作为范本。

政治老师是一位中年女教师。她将课堂流程分为三个部分：第一，前20分钟，六个小组的代表上黑板默写10个基础知识问题，教师当场批改；第二，第20～35分钟，利用《2009年高考复习指南》，引导学生一起重温考点；第三，学生自我消化知识。本课的最大优点在于重视基础的落实，但是作为高三复习课，教师的课堂行为略显随意，需要进一步增加课堂容量，提高对学生的要求。

数学老师同样是一名中年女教师，齐耳短发透着干练，她对课堂的掌控比较自如。这是一堂三角函数的复习课。教师布置学习任务后，学生以小组为单位，先对课前发放的复习卷组内解答、讨论。接下来，各组代表到黑板展示不同题目的做法，学生进行点评。在这个过程中，教师主要是在各组巡视、答疑，并不时进行点评。这个过程大约15分钟，其间有两名学生点评时的语言表达能力让人眼前一亮。最后，教师和学生一起解答复习卷上的选择题，有疑问的题目则由学生代表主动到黑板上进行演算，做到了精讲。

【课堂随想】

作为辩证法的一对基本范畴，内容与形式应该是辩证统一的。内容决定形式，形式依赖于内容，并随着内容的发展而改变。但形式又作用于内容，影响着内容。综合看来，一节好课，形式既是重要的，又不能成为唯一标准。前两节课从课堂模式上已经是按照小组学习、分组而坐，但是课堂内涵的苍白却是形式所无法弥补的。数学课是三节课中最为成功的一堂课，让人看到了杜郎口的影子，在学生活动、小组合作等形式之下，学生的主体地位得到充分尊重，合作性学习思想得到较好贯彻，值得借鉴。

评价别人总是容易的，真要让我来借鉴这种模式，心里还是没底。近段时间，我也在做一些尝试，比如前置学案，学生自我构建知识体系并点评，评讲练习时尽可能让学生先提出问题，然后相互解答，最后我来总结补充等，但是总感觉效果不甚明显，也不知道是因为方法不够科学还是时效性不够？

2009年4月14日

高山仰止，景行行止

——南武中学听课有感

【课堂片段】

坐702在机场生活区站下车转244A到海珠区委，再步行一段路程，终于辗转找到南武中学。听主持人介绍，方知这是海珠区教育发展中心举办的"中学名特级教师展示系列活动"之一。今天邀请了《生活与哲学》教参主编、北京市政治特级教师、北师大附属中学梁侠老师进行教学课例展示和高考文综复习讲座。

讲座所针对的是广东即将进行的高考模式改革，也就是过去湖北的"小综合"。对于本地教师来说，这也许比较新鲜；于我而言却没有什么特别之处。倒是课例展示给了我很大启发。

这是一堂高二哲学的复习课，课题是《用对立统一观点看问题》。课堂没有我们平时想象的那么多活动形式，可以说看起来也不够热闹，正如梁老师本人一样朴实而有深度。

整堂课梁老师非常注重知识的整体性和内在联系，不断给学生以引导，力求培养学生的哲学意识。活动设计精当而且贯穿始终。课堂唯一的学生活动是梁老师给每位学生发了一张纸，让学生分别写出自己一周、一个月、一个学期内最重要的三件事，并且及时收齐作为一个课堂资源，让学生在整个课堂流程中结合自己的排序对"对立统一观点"进行运用，巧妙地做到了提升学生理论联系实际的意识和能力。

【课堂随想】

"高山仰止，景行行止。虽不能至，然心向往之。"整节课的授课过程中，梁侠老师很注重学生基础知识表达的规范性，当学生的回答遇到问题或者表达不规范时，她一定会问："用我们的规范语言怎么表达呢？"其实就是强调哲学术语的规范。这一细节彰显了梁老师治学的严谨和规范，非常值得我们学习。

2009年5月22日

千人同心，则得千人之力

国庆放假的前一天下午，区教研室高三中心组组织赴广州市花都区狮岭中学参加教研活动，学习了李望平老师的一节高三复习课，课题是《求索真理的过程》。课前三分钟，科代表带领全班齐读教材，看得出平时对学生训练有素。

【课堂片段】

课堂流程简要记录如下。

1. 知识默写（约7分钟）

（1）实践的特点。

（2）实践和认识辩证关系的原理与方法论。

（3）认识具有反复性、无限性、上升性的原理与方法论。

2. 判断：哪些属于实践（约10分钟）

①蜜蜂筑巢　　②张三看报纸　　③学生学习

④教师教书　　⑤司法人员办案　　⑥河流污染

⑦农民种田　　　⑧清洁工扫地　　　⑨工人做工　　　⑩演员表演

教学操作：PPT展示——学生小组讨论——代表发言并说明判断理由——教师提供答案（④⑤⑦⑧⑨⑩）——分析"实践"的含义（主体、客体和手段）。

3. 情境设置：找实践——实践在哪里（约14分钟）

材料为2000年高考题：据医学史记载，17世纪20年代，英国有个医生给一位生命垂危的青年输羊血，奇迹般地挽救了该青年的生命。其他医生纷纷仿效，结果造成大量受血者死亡，输血医疗手段便被禁止使用。19世纪90年代，北美洲的医生给一位濒临死亡的产妇输人血，产妇起死回生。医学界再次掀起输血医疗热，却带来了惊人的死亡率。直到1901年，维也纳的医生莱坦发现了人的血型系统，才打开了科学输血的实践大门。

（1）找实践。

教学操作：学生回答——教师引导（实践的主体和客体角度）。

（2）增加设问。

上述材料是怎样体现"实践是认识的基础"这个道理的？

教学操作环节：学生书写答案，教师巡视——教师用投影仪展示一位学生的答案——点评。

4. 分析材料——找观点（8分钟）

（1）准备材料。

材料为人类探月工程的发展。

（2）教学操作。

学生小组讨论思考——代表发言——调整设问"《探索世界和追求真理》有哪些观点可用"——方法指引——提供备选观点——其他设问角度（实践观？如何体现"追求真理是一个过程"等）

5. 知识小结（PPT方式）（2分钟）

（略）

6. 布置练习

（略）

【课堂随想】

"千人同心，则得千人之力；万人异心，则无一人之用。"今天的课不仅是李老师个人的思考，也是备课组全体成员的集体智慧。简要总结如下。

1. 亮点

第一，没有就知识讲知识，把复习课上成新授课；而是通过情景创设、判断分析等环节让学生在分析、解决中自觉调动知识储备，从能力目标上看已经从识记层次上升到理解和运用层次。

第二，注重学生的动笔训练。我粗略统计了一下，本课要求学生统一书写的时间近15分钟，主要包括课堂开始阶段的知识小测默写和中段的主观题训练。如果每节课都这样坚持下去，学生的文字书写能力一定会很突出。

第三，强调变式思考，在设问调整的过程中引导学生多角度思考问题，如第四环节"分析材料——找观点"。

复习课不好上，是教师们的共识，尤其是高三的复习课。看得出来，李老师这节课做了比较充分的准备，课堂整体设计合理，实施过程较为流畅，课堂也有互动，有几位学生的回答思路清晰。在听课的时候，我思考如果是自己来上这一课，有些环节应该怎么处理更合适呢？更加符合我们的学生呢？

2. 建议

（1）学生的思考空间和时间不够充分。如判断哪些属于实践活动时，李老师点了两名学生回答，但是回答都不准确，这时老师就把答案直接投影出来，感觉有些早了。其实，可以让学生继续质疑，回归教材，在真正弄清实践的内涵基础上，与答案进行验证。

（2）知识的生成不够自然。如情境设置之"找实践"环节，李老师在用投影仪展示学生答案之后，直接就给出标准答案，感觉有些仓促。如果让学生点评，在生生互评中实现知识的生成，效果更好。此时教师只需扮演一个引导者即可。

（3）在课堂材料资源的使用上可以更加精练。如李老师先后用了两则材料，一是2000年高考题，二是人类登月工程。从教学设计上看，第一则材料是让学生运用实践的含义进行分析，并且进行主观题的答题训练；第二则材料进行了变式练习，但是由于时间关系，李老师对于设问的教学效果并没有充分实现，备选观点只是用PPT投影出来。在如此短暂的时间里，学生根本无法消化和领会全部的知识点，试图进行的变式训练基本停留在形式上。其实，变式训练是本课的主要亮点。要突出此亮点，让学生真正学有所获，教师应该大胆地取舍材料。第一则材料虽然经典，但过于陈旧，可以舍弃。第二则材料涉及嫦娥二号登月，有较强的时政性，应该充分运用，发掘材料的潜力。即运用同一材料，通过设问的转换，让学生体会变式的差异，在举一反三中提升理解和运用知识的能力。

（4）关于知识点的讲解，可以更加准确。如分析"实践"的含义，李老师是用客体、主体、对象来引导学生加以区分的，实际上效果并不好，特别是判断"学生学习"和"教师教书"时，李老师又引入了"作用于大脑"这一提法，让学生明白"学生学习"只是认识活动。这个问题只用抓住"实践"是"改造客观世界"，而"认识"是"改造主观世界"这一点即可。

区教研室高三中心组组织本次教研活动的主要目的是：在高三复习教学中探索如何提高课堂实效，即让学生真正得到知识，进行思维训练。用时下流行的新课程理念评价，就是一堂课的优劣与否"不是教师教得如何，而是学生学得如何""不是教了多少，而是学了多少"。说到底，就是课堂效益是否高效的问题。过去，我们认为高三复习课只要夯实基础、训练能力就行了，具体做法不用管；只要反复强化，学生就能记住。看来，观念还是得更新。

每一堂课都会有它的特点。从课后评课交流来看，听课老师们对这节课有很多不同的看法和见解，也存在一些争议。但我觉得，应该感谢李老师，他将自己复习的做法展示出来，是否适合不同学校、不同生源，当然是值得商榷的。

因此，从学习的角度看，只要有一点可资借鉴，足矣。

2010年10月7日

梅须逊雪三分白，雪却输梅一段香

——新教师考核听课有感

【课堂片段】

11月16日，全区2007届新教师考核汇报课在圆玄中学举行，我有幸前往听课学习。因为我第一节有课，所以8：30的一节只听了个尾巴。听这些年轻教师上课，仿佛回到了我的青葱岁月。听课反思整理如下。

1. 邝维煜中学：小邓老师（只听了最后几分钟，难以全面评价）

（1）导入较为新颖，选择广州亚运的材料，容易激发学生的兴趣，引起学生对课堂的关注程度高。

（2）关注社会焦点问题，注意必要的引导。

（3）讲解知识有所侧重，注意突出重点。如讲解正确维权的途径时，邓老师先展示了维权的基本流程，但并没有均衡分析，而是问学生"哪一个最难理解"，然后根据学生的反映，进行重点讲解。如能长期坚持讲解重点的模式，定会有利于课堂效益的提高。

2. 秀全中学：小邝老师

（1）教学设计符合学生生活实际，特别是与学生未来相结合——以大学毕业生小张找工作为载体，模拟课堂情境，设计探究问题，有利于学生在质疑中思考，生成知识。

（2）课堂整体流程完备，各环节之间联系紧密。

（3）充分发挥课堂活动的作用，凸显学生在活动中的地位。如在探讨"劳动者如何就业"问题时，首先提供招聘信息：市场部经理、技术工程师、营销人员、车间工人、保洁工和搬运工等不同岗位，招聘人数不同、待遇有差异。然后提出设问："如果你是小张，你会选择哪份工作？"邝老师给了学生充分思考和回答的时间，基本每一种岗位都请学生代表回答了选择的理由。在学生思考的基础上，进入"问题探讨"环节，即引导学生回归教材主体知识"劳动者应该如何就业"。

（4）本课选取材料较多，且比较新颖。如以广州亚运会为背景，选择广东电视台《午间新闻》的视频资料，激发学生兴趣，顺利导入新课。我建议对于材料要精选，做到合理取舍。如果既导入即时视频新闻，又展示图片，其中多有重复，耗费了时间也冲淡了主题。

（5）课堂的设问还要更加科学、更加合理、更有价值。如导入新课时提问："你尊重他们的工作吗？为什么？"其实这一问题还没有提出，答案就已经明摆着了，没有体现设问应有的价值，不利于培养学生的思维。在探讨"劳动者如何就业"时提问："为什么清洁工搬运工招这么多人，却只有几个同学愿意应聘？你们为什么不愿意？""我们还有很多同学没有举手应聘，那是为什么呢？"这些问题显得语言啰唆，中心不突出，可以精简、合并。

（6）建议充分运用教学资源，渗透学法指导。如讲解"如何解决就业问题"时，邝老师提供了三则材料，材料数据新，而且图文并茂，看得出是精心选择和设计的。老师为了让学生明确设计意图，在投影材料的同时就已经将关键字句用不同颜色呈现出来，这时老师还反复诵读材料，以示提醒。其实，这并不利于学生养成自主的阅读能力和提取信息的能力。教师可以先投影材料，在学生阅读和解读材料之后，再用不同颜色或者下划线的方式来呈现关键词，效果会更好。

3. 秀全中学：小黄老师

（1）作为年轻的女教师，黄老师讲课很有激情，语言富有感染力，并且善于调动学生积极性，让学生信服她的表述，信服她的课堂。

（2）注重情感态度价值观的渗透。如运用歌曲《劳动最光荣》导入新课，并将歌词用PPT投影出来。歌词"幸福生活哪里来，要靠劳动来创造……

劳动的快乐说不尽……"无形之中渗透着价值观。

（3）课堂机制需要进一步提高。对学生的回答应及时回应，坚持正确的课堂导向。教师在引导学生回答"从劳动者角度如何解决就业问题"时，一学生说"答案书上有"，看似与教师预设答案不符合，其实是很好的课堂教学资源。教师可以明确表态："我们对于知识的掌握不能只是'在书上'，更应'入脑、入心'，大家觉得呢？"既澄清了知识，也暗示老师是不赞同这种回答的。可惜，黄老师没有及时作出回应，错失了教育的良机。

4. 花都一中：小谢老师

（1）选取视频教学素材，有效导入，激发学生的认知兴趣。如选择"春暖行动"视频资料信息丰富，具有代表性，说服力较强，为分析"人们为什么要就业""我国目前就业形势如何""如何解决就业问题"等三个思考问题提供了有效的引导作用。

（2）充分运用教材资源。谢老师是所有考核教师中运用教材资源最为充分的一位。随着课堂流程的推进，她先后指导学生分析了P42、P43的漫画和P44的活动探究，让学生在思考和质疑中明确了相关道理，也有利于引导学生重视教材，充分发掘教材的使用价值。

（3）注重学法指导和对学生的及时肯定与鼓励。如展示文字材料时，用红色下划线提示学生正确阅读材料；看视频资料时，先提出三个思考问题，让学生在问题指向下去获取有效信息。

（4）材料背景不足。课堂演绎成分过重，只强调了理论的推演，但是提供的材料背景不足，没有凸显新授课重知识归纳的特点。

（5）教学环节的设计和思考应更合理。如讲解"如何解决我国就业问题的途径"时，讲完党和政府的做法后，又分析劳动者个人的做法，谢老师让学生阅读P42漫画，判断漫画中四种观点的误区，选择了学生齐答的方式。看起来很热闹，但是四种观点的真正区别没有分析透彻。

5. 花都二中：小李老师

（1）使用学案，学生课前预习比较充分，有利于课堂活动的开展。这是本次考核中的唯一一名男教师，也是唯一使用学案的教师，贯彻了"先学后教"理念。

（2）尝试情境探究式教学。小李老师用"李师傅"的人物活动为线索，串联"树立正确的就业观""劳动者的合法权益及其维护"，符合新授课从具体到一般的思维顺序。

（3）知识点理解上还可以做得更好。如"党和政府如何促进就业问题"，李老师只是将教材的观点投影出来，而对于根本措施"发展经济"没有提及。又如对于"就业意义"的概括，李老师分为"国家和社会""劳动者获得报酬""劳动者自我价值"三点，其实从"国家和社会"与"劳动者个人"两个角度归纳即可。

（4）课堂环节过多，可以重新整合。本课设置了五个探究活动，但事实上并非每个课堂活动都有探究的必要，建议探究四、五应合并。

【课堂随想】

"梅须逊雪三分白，雪却输梅一段香。"几位青年教师个性鲜明，对于教材和课标的理解也比较到位，说明任职以来专业成长速度较快。我的几点体会：

第一，课堂氛围与教师的语言亲和力直接相关。亲和力强的教师，很容易拉近与学生的距离。

第二，多数教师能够根据教学设计的需求，对教材知识体系进行重新整合和解读。没有完全依赖于教材知识顺序，是今天授课的亮点。

第三，个别教师教学环节之间的过渡语不够顺畅。应精心设计过渡语言，实现前后连贯，保证不同环节之间的有机联系。

第四，在讲解方式上还可以进一步完善，如精练语言、优化手段。

2010年11月16日

不可为了"高效"而高效

【课堂片段】

按照学校统一安排，19日科组赴国家级示范高中——从化中学教研交流。我们早上8点多从学校出发，驱车一个多小时即到。由于离听课还有近一个小时，就先参观了学校。学校的整体面貌给我们留下了深刻印象，正在保养修葺的运动场、宽敞现代的室内球馆等散发着强烈的时代气息，而巨大的古榕树和从化学宫则彰显着从化中学厚重的历史和文化积淀。徜徉在校园中，我们被校园里的文化氛围所感染，不知不觉就到了听课的时间。

该学校本学期在各年级正式推行以"高效课堂"为主题的课堂教学改革。今天的政治课堂也是按照这一主题推进的，课堂模式是预习自学、教师讲解、当堂反馈、练习巩固和学生质疑等环节。因为学校对课堂教学环节的时间做出了明确规定，如每堂课必须保证"10分钟学生自学""10分钟合作""10~15分钟教师讲解"等，而且还要求不得留有课后练习，所以今天上课教师的课非常高效，他将股票、债券、商业保险这些投资、理财方式在一堂课中都讲完了，还进行了课堂知识小结，并且还做了6道选择题。要知道，这是建立在课堂给了学生自主学习10分钟的基础上完成的。平心而论，我在新授这一课时内容时，至少用了1.5节课，两相比较，不觉自愧不如。

【课堂随想】

下面简要谈谈我听课的感受。

课堂特色：

（1）教师具有较强的个人魅力，知识点讲解清晰透彻，语言风趣幽默，从课堂气氛看得出平时是一位很受学生欢迎的教师。

（2）课堂提供的素材非常丰富，呈现方式多样。有文字材料，有投资箴言，有漫画，还有视频资料，通过不同方式对学生的感官进行刺激，有利于充分调动学生注意力和学习兴趣，保证课堂的有效性。

（3）尝试运用情境创设，如设置情景剧"最近比较烦"，既激发学生兴趣，也是符合新授课从具体到一般的归纳思维过程，符合学生的认知规律。

（4）时政气息浓厚，注意引导学生关注社会热点问题，如将应对金融风暴的举措、利率调整等引入课堂。

（5）注重对学生的学法指导，如，如何看书、记录笔记、知识补充等。但是，"定义"等知识表述过长，应该强调学生如何提炼关键词则效果更好。

几点建议：

（1）建议将体验式教学贯彻课堂始终，保持课堂前后环节在情境创设上的一致性。如以"老张的烦恼"为主线，对虚拟人物"老张"进行条件的限定，并将学生分成"股票组""债券组""银行组""咨询组"，分组进行探究，在向"老张"进行推荐的过程中，让学生充分发表意见和观点。

（2）建议注意把握前后知识之间的联系，提升学生的理解层次。如导入环节，认识"存钱越存越贬值"时讲解"银行利率对股价影响"可以联系"宏观调控的经济手段"等。

（3）建议真正体现学生的主体角色。教师讲解成分过重，留给学生的思维时间和空间相对不足，课堂上师生、生生互动的方式比较单一。

（4）建议板书设计可以考虑得更细致一些，只用投影方式不利于学生留下知识的记忆痕迹。

（5）有些知识点的提法有待商榷，如"商业保险"应是"理财方式"，而不是"投资方式"。

2010年11月19日

有则改之，无则加勉

【课堂片段】

12月9日是新华中学教学开放日，上午去听了两节课，第一节是新授课，第二节是复习课。

1. 新授课片段

第四节是黄老师主讲的高一《经济生活》新授课，课题是"科学发展观与小康社会经济建设"。

知识讲述较清楚，课堂流程完整，是这节课的优点。

但是，也有些细节地方的处理我不太认同，提出几点建议。

（1）课堂活动的组织目的性不明确，略显仓促和随意，形式大于内容。黄老师在即将结束第一子目"全面建设小康社会的经济目标"时，提出问题："全面小康社会是怎样的社会？""你向往这样的社会吗？""我们在哪些方面做得还不够好？"师生共同回答后，黄老师设置了课堂讨论："你认为建设小康社会要解决的首要问题是什么？并说明理由。"

教师的本意应该是通过学生的发言，归纳出具体做法，从而导出第二子目"经济建设的新要求"，构想是挺好的。但是，在学生讨论2分钟后，黄老师要求每个小组按照顺序发言。我统计了一下，很多组的意见是重复的，整个发言过程耗时近10分钟。教师点评不能简单重复学生观点，应该在此基础上提高针对性、准确性和生成性。

（2）课堂资源没有充分利用。第一，教师提供了一些图片、漫画材料，如城乡差距10年、东西部教学条件差距、漫画《上不去、下不来》等，但都是用PPT投影展示，教师简单介绍一下，没有让学生观察分析，不利于知识点自然生成，有些可惜。第二，对于学生课堂上的回答，应该及时回应并且为教学服务，形成有效的课堂资源。

（3）学生的主体地位没有凸显。学生思考和发言的时间和空间不足，而且方式较为单一，以齐答为主。

2. 复习课片段

第二节课是曹老师的高三复习课，课题是"矛盾观"第一轮复习。亮点突出，颇有收获，很多做法值得我学习和借鉴：

（1）课堂容量丰富，打破常规复习"讲知识"为先的思路，而是先练后讲，讲练结合，效果很好。课后交流时，得知这是老师在充分听取学生意见的基础上进行的调整，刚执行了两周时间，这一细节凸显了曹老师尊重学生的生本意识。

（2）教师的个人功底不错，突出表现在两个方面：其一，教师知识储备丰富。在讲解"矛盾"的含义、基本属性等抽象知识时，引用了大量鲜活的实例，如遗传变异、同化异化、猫和老鼠等，而且运用准确，说服力强。其二，课堂组织能力较强。如让学生背诵记忆基础知识是一件苦差事，学生不愿意背，畏难情绪普遍存在，但是曹老师用课前学生"自我挑战"的方式，鼓励学生先回答的可以有优先挑选的权利，学生踊跃参与，效果不错。从学生课堂回答来看，学生思维反应及时，思路较为开阔，如分析现实生活中的"同一性与斗争性"时，学生举例：火山爆发带来灾害，同时火山灰有利于肥沃土壤；网络是一把"双刃剑"等。显然这种效应是长期坚持的必然结果，值得我学习和借鉴。

（3）课堂效益较高。曹老师在进行课堂复习时，没有按部就班地讲解考点，而是采取以下模式：先课堂练习——引导学生思考每道题考查什么知识点或者考点——讲解学生认为疑难的知识点——穿插对学生练习的评讲。曹老师的课堂讲解建立在学生的疑惑基础之上，针对性很强，提高了课堂效益。

（4）重视学法指导。高三复习课不仅是知识的讲解，更要教给学生分析、解决问题的方法与技巧。曹老师在这一点上有很明确的意识。例如，评讲练习时，引导学生正确科学地审题，学生在分析相关知识点时，教师明确要求学生不能对教材照本宣科，而应举例说明。这是引导学生做到特殊性与普遍性的结合，在分析矛盾相关知识点的同时，也做到了对知识的深层次理解和运用。

【课堂随想】

根据今天听课观摩的感受，我的建议如下。

1. 对学生课堂反馈的及时点评

在分析"现实生活中的矛盾"时，有一学生大声说"学习"，教师没有做出应有的回应。这是一个很好的教学资源，然而教师没有充分应用。

2. 教师语言的规范与严谨

在总结"同一性"和"斗争性"时，教师说："这个问题很难，大家能够理解就理解吧。"作为教师不应该这样说。

3. 题外话

今天去新中听课时，发现就只有我校来了四个政治老师，也许其他学校老师周四上午都有课吧。就像周彬教授所指出的："你的教学观决定了你的听课观。"其实，结合自己的专业成长经历，真心觉得只要平心静气、心怀空杯，观摩每堂课都是会有一定收获的，至少可以"见贤思齐、见不贤而内省"，从而"有则改之、无则加勉"吧。而且，听课特别是听平时的常规课，更能体现一名教师的功底和修为。今天曹老师的课就是如此，给我留下了深刻的印象。

2010年12月9日

非学无以广才，非志无以成学

——广雅听课有感

【课堂片段】

广州一模过后，广州市教研室组织了针对性的一模试卷讲评课，分别在广雅中学和广州四中举行。3月24日的广州文科教研分成两个部分，上午是听讲评示范课，下午由教研室张老师做一模试卷分析的讲座。

上午广雅中学的两节课各有特色。广州协和中学的谭老师准备充分，重点分析了经济生活的非选择题，娓娓道来。我觉得节奏有些慢，不太适应所剩无多的备考课时的现状。

广雅中学的刘老师将试卷分成不同模块，重点讲解了哲学模块部分。刘老师授课功底深厚，分析精当，针对性非常强，并且结合广雅中学学生的实际，进行了理论提升，让人大开眼界。这堂课的基本流程如下：

提出知识要求（教材观点）——选择题典例分析——核心知识归纳——变式训练——主观题解法——学生答卷分享。主观题讲解过程中，刘老师不是简单地讲解答案，而是引导学生逻辑思维，重视从材料背景中概括提炼信息，有针对性地训练了学生调动和运用知识的能力，非常值得我学习和借鉴。

【课堂随想】

"非学无以广才，非志无以成学。"今天在广雅中学听课让我受益匪浅。

（1）刘老师特别突出复习目标的指引，如将《高考考试说明》的能力要求与一模试卷相结合，让学生明确目标，从而针对自己的实际情况有效地提升相关能力，特别符合广雅中学的学情，针对性强。

（2）注意开发和充分利用有效课堂资源，如将一模试卷按照模块知识进行分解，有利于学生明确在一份试卷自己失分的原因主要是哪一模块，在复习时会更有目标性和针对性。

（3）重视理论指导，特别强调学法的正确引导，这在刘老师评讲的全过程中都得以突显。

（4）突出学生的主体地位，注意通过学生分析得出答卷存在的不足，比教师单一讲解效果更好，有利于知识的自然生成。

（5）课件的制作直观、清晰，用看似简单的线条、符号等，突出重点，值得借鉴和学习。

（6）建议课堂上，教师和学生的互动应更加自然，教师的教态更具亲和力，让学生充分享受教师的个人魅力。

2011年4月13日

奇文共欣赏，疑义相与析

【课堂片段】

这堂课的课题是《走进法律》，教学对象是初一（2）班。范老师首先讲解了课堂竞赛规则，用小组竞赛的方式来激励学生积极思考问题，调动学习的积极性。

课堂的整体流程如下。

1. 导入新课

教师设问："你们所理解的法律是什么？"让学生有感性认识，也有情感态度价值观的指引作用。

2. 说一说我们身边的规则

（1）PPT投影学生的日记《我的一天》，让学生在生活中寻找规则，并且在此基础上进行分类（法律、纪律规章、道德）。

（2）引导学生分析法律的三个基本特征，做到教材观点与热点问题的准确对应。

（3）规则大比拼：让学生在规定时间内完成教材P88的表格，对道德、纪律和法律进行比较。

3. 辨一辨法律的作用

（1）引导学生分析法律的作用（规范和保护），这主要由学生回答。

（2）教师总结。教师重点指出规范作用和保护作用是一个问题的两个方面，引导学生正确理解二者的关系。

（3）学生启示。

（4）分析P89的插图，引导学生认识《消费者权益保护法》《劳动法》，体会法律与社会生活的紧密关系。

（5）课堂练习（一道选择题）。

修正后的刑法明确规定：在道路驾驶机动车追逐竞驶，情节恶劣的，或者在道路上醉酒驾驶机动车的，处拘役，并处罚金。这主要体现了我国法律的（　　　）。

A. 强制作用　　　　　　B. 保护作用

C. 规范作用　　　　　　D. 惩罚作用

4. 谈一谈

主要是通过四人小组讨论，让学生分享学习感受。学生启示主要有：

（1）我们要学法、守法、用法。

（2）法律既能规范公民的行为，又能保护我们的权益。

（3）法律可以保护我们生命安全、财产安全。

（4）我们要善于运用法律，保护自己的合法权益。

（5）让法律意识在我们的脑海中更加深刻。

（6）法律为人民的行为提供了一个模式和标准。

在学生谈完启示的基础上，教师做了总结。

5. 练习检测

（略）

6. 知识小结

（略）

7. 课后作业的布置

（略）

【课堂随想】

优点：

1. 具有一名优秀教师的潜质

范老师普通话标准，语言表达清晰，黑板板书工整美观，仪容与教态亲和、自然，作为一名刚工作仅一年的年轻人，公开课上到这个程度很不错了。

2. 这堂课的亮点比较突出

（1）课堂教学设计流畅、连贯，用一个典型事例贯穿全课，保持了思维的一致性。

（2）课堂引入社会热点问题，有利于培养学生关注时政的敏感性和习惯，符合思想品德课的学科特征。

（3）有较好的学生主体意识，课堂上分析问题时注意让学生思考，设置"谈一谈"环节，由学生在讨论基础上分享学习感受，尊重了学生的主体地位。

（4）教学手段上可以较为熟练地运用现代信息技术，课堂资源较为丰富。从来源上看，既有课本案例，也有现实热点；从呈现方式看，既有文字描述，也有视频素材，可以从视觉、听觉等多重感官刺激，达到让学生较好地保持课堂兴奋度的设计目的。

建议：

"奇文共欣赏，疑义相与析。"听课犹如阅读文章，需要边听边思考。我认为，范老师的课堂还可以进一步优化的地方在于：

（1）有些教学环节的设计上还可以更细致。如"知识小结"和"练习检测"先后顺序需要调整；在"谈一谈"环节，分组讨论后，多名学生谈了启示。这时候，教师的总结应起到提升作用，范老师的总结有些平淡，甚至显得有些仓促。

（2）在设问的设置上，还可以更合理，体现发散性和收敛性的统一，过深会导致学生无话可说，过浅则有伪问题的嫌疑。

（3）要更好地体现教学目标的统一，做到知识、能力和情感态度价值观目标三者的统一。这堂课知识和能力目标贯彻较好，价值观目标稍显不足，特别是初一年级学生升学压力不是主要的，如何培养情感态度价值观才是当务之急。

（4）作为年轻教师，应合理、适当地鼓励和评价学生，对学生的课堂表现予以积极地回应，但并不意味着只能肯定。

2011年5月16日

以其昭昭，使人昭昭

【课堂片段】

今天早上区教研室来我校听课指导，陪听了一节课，被听一节课。

高304班第一、二节连堂，主要任务是评讲上周政治生活第二、三单元测验卷。我的课堂基本流程为：

1. 提供测试成绩相关数据

含分数段、均分、正确率等；（时间5分钟）

2. 选择题讲解

（1）以小组为单位分组讨论，分析正确率低于70%的题目。要求：结合选项分析失分原因，务必回归教材，找到理论依据。

自评：计划10分钟，但是因为学生课前没有完成个人分析，加上正确率低的题目较多，耗时近20分钟。

（2）学生自主发言分析，教师适当点评，同时做必要的变式训练。

3. 非选择题

（1）以小组为单位，总结自己答题与参考答案之间的差距，并归纳本组同学答题不足存在的普遍性问题，由组长代表在黑板上书写出来。（5分钟）

（2）学生代表本小组板演。（2分钟）

（3）教师总结，简要分析答案，特别强调了知识储备的重要性，并展示了以"政府"和"党"为主体的知识建构。（3分钟）

【课堂随想】

自我评价：

今天的课堂学生表现很主动，多位学生抓住了发言的机会，完全没有受到教研员来听课的影响。但是，仍由学生就题目谈题目，没有准确回归教材，对课本的重视程度仍有待提高。（耗时25分钟）

教研室指导意见：

课堂准备充分，知识分析清晰透彻，注重变式训练，强调学生的主体意识，给学生充分地思考、展示的时间和空间。但是，还需要进一步考虑时间分配因素，对于由学生分析的题目需要精选。

古人云："少而好学，如日出之阳；壮而好学，如日中之光；老而好学，如炳烛之明。"作为一名普通的一线教师，更需如此。唯有锲而不舍、常学常新，才能在育人世界里感悟真谛，才不至于"以其昏昏，使人昭昭"。

2011年9月16日

书到用时方恨少

10月9日第7节课是徐老师的公开课，我和科组同事前往观摩，收获颇丰。根据听课记录和评课发言，现简要节录如下。

【课堂片段】

1. 温故知新

通过PPT投影方式，将第八课第一框题《色彩斑斓的文化生活》主干内容用知识树的方式呈现，师生共同回忆，并对重点知识，要求学生复述直观清楚，详略得当。

2. 新课导入

用多个新闻导入文化多元交织的社会现象。

3. 腐朽文化和落后文化

（1）表格归纳：从含义、形式、危害、对策四方面进行区分，并总结二者的共同点——都属于文化糟粕，阻碍个人、社会的发展。

（2）学生看书，落实书本知识，做好笔记。（约3分钟）

（3）学生结合实际谈身边的腐朽、落后文化。

（4）判读教材P91的几种现象，将落后文化的"迷信""愚昧""庸俗""颓废"细化。

（5）运用：一是提供漫画，二是选择题。

（6）落后和腐朽文化存在的原因（教师注重引导学生进行归纳）。

4. 奏响主旋律，文化激荡看主导

（1）必要性。

（2）社会主义文化发挥导向、示范作用。

（3）进行文化建设的重要内容（即加强文化建设的必然要求）。

（4）连线题。

（5）播放资料《花儿的凋零》，并提出思考问题，学生分小组讨论。

5. 知识梳理

若时间充足，让学生总结更好。

6. 沙场练兵

选择题四道。

7. 布置课后小测问题

符合理科班特点，工作很细致。

【课堂随想】

1. 徐老师充分发挥了年轻教师的优势，熟悉学生的思想认识

关注学生日常生活、娱乐，利用年龄优势走近学生。

2. 能够对教材进行解读，不是简单复述教材知识

如用表格归纳落后文化和腐朽文化的异同；从"历史""外因""内因"等角度分析落后文化和腐朽文化存在的原因；对于落后文化的表现进一步细化为"迷信""愚昧""庸俗""颓废"等；让学生掌握核心词，用浓缩法减轻了学生的记忆量，符合理科班学生的特点和要求。

3. 课堂资源丰富，极大地刺激了学生的兴趣点，效果良好

教师导入漫画、视频资料"花儿的凋零"等，视听结合。可惜的是，视频播放呈静音状态，没有达到应有的效果。

4. 建议

"书到用时方恨少，事非经过不知难。"作为年轻教师，课堂应变能力和个人的知识储备仍需进一步提升和丰富。

（1）在课堂资源的选取上，虽然本课讲的是落后和腐朽文化，但建议选取正面积极的文化现象作对比，如"双百人物""道德模范""感动中国年度人物"等，可以让学生模拟现场网络投票，并说明理由。否则，课堂上的案例全部是负面，恐怕会给学生消极的暗示。

（2）对于课堂上没有事先预料的情况，处理得不够机智。本班学生思维活跃，敢于表达。但对于学生的回答，教师没有做出积极回应，并引导学生辩证思考，有些遗憾。不过，瑕不掩瑜，这些细节也是基于我个人的更高要求，定会促使徐老师在长期的磨炼中不断厚积薄发。

2011年10月10日

激情+明确+科学+细节

今天下午赴广州市花都区秀全中学参加教研活动，主题是高一年级新授课。14时30分准时开课，主讲人是江老师。40分钟很快就过去了，整堂课准备很充分，逻辑思路清晰，看得出江老师很用心。

【课堂片段】

1. 时事播报

学生提供"小悦悦事件"并评价，教师点评，德育渗透。

2. 知识导入

教师讲述第二单元的知识结构，并指出第四课《生产与经济制度》在本单元的核心地位和承上启下的作用。

3. 讲授新课

（1）生产与消费的相互关系。

① 学生活动：第一，依据课前发的《讲学稿》，学生小组交流3分钟，概括、归纳"生产与消费的关系"；第二，两名同学板演。

② 引导学生深入理解生产的决定作用和消费的反作用。

③ 材料《2003—2010年手机用户增长数据》及设问："为什么中国手机用户数量增长如此迅速？"

④ 知识比较："生产为消费创造动力"与"消费为生产提供动力"。（用表格方式呈现）

⑤ 观点评价："有人认为，只要是消费就能拉动经济增长，促进生产的发展。"教师总结出应合理、适度消费。

（2）社会再生产的各环节及其关系。

（3）大力发展生产力。

① 新闻：2010年中国GDP总值和人均GDP排名。

活动：在强烈的数据反差中让学生谈感受。

② 花都"经济强区"战略。

设问：运用《经济生活》知识，请大家结合上述材料，谈谈花都建设"经济强区"的做法体现了什么道理。

③ 学生回答，教师总结归纳。

（4）课堂小结：运用动态生成的方式，将本课主干知识呈现，并注意突显其内在联系。

【课堂随想】

我想用四个关键词来总结江老师的课堂，即"激情""明确""科学""细节"。

1. 激情

江老师整堂课充满激情，语言铿锵有力，肢体语言丰富，在与学生互动的时候，反应迅速。如教师设问："为什么人均GDP排名很低？"学生回答"人太多"，话音刚落，教师马上反问："人很多是一个错误吗？"并进一步引导学生重视劳动者的素质。

2. 明确

教学目标明确。

（1）知识重点清晰，紧紧围绕"生产与消费的辩证关系"，选取新颖的材料，加深学生的理解。

（2）在能力目标上，突出学法指导，注重培养学生能力。

（3）情感态度价值观，鼓励学生树立见义勇为、救死扶伤的意识，培养社会主义核心价值观；在点评"有人认为，只要是消费就能拉动经济增长"时，引导学生认识"合理、适度消费"。

3. 科学

教学方法的选取方面比较科学。

（1）选取诸多新颖的时政材料，注重新授课时从特殊到一般的归纳法，符合学生的认知规律。

（2）善用比较法，突破知识难点，如用表格方式呈现"生产创造动力"与"消费提供动力"的异同。

（3）教学生活化。"经济强区"的有关策略符合地方实际，具有乡土地域特色。

4. 细节

一些细节值得探讨。

（1）材料多，显得有些杂，流程设计上前松后紧，课堂小结仓促，课堂练习没有时间完成。

（2）讲解单元知识导图的时候，不应只是教师口头叙述，如果配以PPT结构图，会更加直观有效。

（3）学生上台板演时，建议不给学生现成的模式。

（4）本课应有两条知识线索，一为生产对消费的决定作用，导出"大力发展生产力"；二为消费对生产重要的反作用，导出"重视消费，扩大内需"。课堂上，前者得以凸显，后者被忽略。

（5）为了突出重点知识，"生产对消费决定作用的四个表现""消费对生产反作用的四个表现"，建议提供随堂练习，增强教学针对性。

2011年10月20日

体验成长

【课堂片段】

几番周折，谭老师的公开课终于得以聆听。平心而论，作为刚从初中历史转型过来，第一次任教高中的年轻教师，这节课首先带给我们的是一些惊喜。

（1）教学基本素养不错，教态自然，特别是语言干净、简洁，有较强的亲和力。教师的口头语言丰富，如"兴趣是人生的第一老师""和气生财"等运用恰到好处。希望谭老师继续发挥语言精练的优势，有利于促进学生高度的课堂关注度。

（2）课堂流程设计以模拟情境为载体，一例到底，将本课的劳动、就业和维护劳动者权益等问题都串联在一起，逻辑严密，也有利于保障学生思维的前后一致性。

（3）具备较强的对知识整合、归纳的意识。如复习基本经济制度时，强调主与次之分，"主"又有主导、主体的不同；引导学生用一个关键词概括第四课的核心知识，即"生产"；对于就业的作用，能注意启发学生从社会和劳动者两个角度去理解等。

【课堂随想】

当然，也有一些新手教师容易出现的问题，需要不断提升和改进的。

1. 学科知识的规范性与准确性不足

（1）教师在归纳第四课第二框时，指出"股份制和股份合作制是公有制的两种实现形式"，这是不准确的。因为一切反映社会化大生产规律的经营方式或者组织形式都是公有制的实现形式，这是多样化的，如国有独资、集体经营、股份制、股份合作制、租赁制、承包制等。

（2）教师在归纳党和政府如何解决就业问题时，仅归纳了"制定积极的就业政策"，这其实只从教材表述出发，而忽视了"大力发展生产力，促进经济发展"这一根本途径。

2. 对于学生的主体地位凸显不足

这堂课以模拟情境导入，不断提出设问，引导学生逐步深入思考，整体设计是完美的，可惜在实际操作中，没有预想的出彩。课后思考，应有两个因素：

（1）课堂流程设计上，复习旧课知识占用了10分钟，导致后面进度紧张，无法深入开展学生活动。

（2）作为青年教师，急于将现成答案抛给学生（当年，新手的我也曾如此急切），所以课堂上问题一个接着一个，而且追问过频、过急，学生几乎没有时间充分地思考，导致问题泛化，而没有实效。

3. 课堂环节尚待完善

如没有课堂知识小结、PPT与黑板板书的关系处理存在不是很合理之处、黑板板书较为混乱等。

2011年10月27日

仰之弥高，钻之弥坚

去年因一次比赛和洪老师相识，一直仰慕他的学识，这次有机会听她的公开课，我很高兴。

课题：《面对经济全球化》；年级：高一；课型：新授课；授课人：洪老师。

【课堂片段】

素材一：

TOYOTA全球发展史（文字）。

（1）TOYOTA的日本总部和广州丰田有何关系？

（2）为什么TOYOTA要在世界各地设立子公司？

（3）这种经营方式有何优势？会带来什么影响？

（4）TOYOTA是如何通过其跨国生产经营一步步走向全球化的？

学生：分析材料，齐答问题。

素材二：

TOYOTA全球销售业绩（折线图）。

TOYOTA海外生产工厂（地图+表格）。

设问：一辆车要由多个国家的多个工人生产，这种现象叫什么？这样做有什么好处？

学生：三名学生代表回答，教师总结出各国经济联系日益密切。

素材三：

经济全球化的表现之——中国与贸易全球化。

（1）国家领导人关于经济全球化的讲话（文字）。

（2）广州春交会、秋交会的贸易成交额变化（折线图）。

设问：结合上述材料，根据跨国公司和经济全球化的各种表现，你认为经济全球化会带来怎样的影响？

学生：四人小组合作交流，四名代表发言。

素材四：

（1）发展中国家与发达国家的一般贸易模式（文字）。

（2）发展中国家与外资合作的一般模式（文字）。

设问：①两则材料表明了什么？其产生的原因是什么？这说明经济全球化的实质是什么？②这种分工不平衡最终会加剧怎样的状况发生？

学生：师生共同分析得出结论：经济全球化是一把"双刃剑"。

素材五：

广东省区位图（地图）

设问：面对经济全球化的利弊，你认为广东省如何应对？

学生：小组讨论，两名代表发言。

课后作业：小组合作探究，广州市文化产业如何更好地走出去？

【课堂随想】

1. 素材新颖，展现形式多样

课堂素材有文字材料、表格、图示、地图，其中图示又包括折线图、柱状图等，这让学生始终处于高度兴奋状态，有助于集中注意力，提升课堂效率。

2. 情景式教学方法

以TOYOTA全球发展史的案例为主线，设置情境问题，将课本核心知识有机地串联在一起。

3. 重视知识的动态生成

全课流程设计合理，逻辑严密，主干知识基本都是由学生解读材料、分析材料、小组合作等方式生成的，教师只是适时点拨和必要提升。

4. 彰显学生主体角色

课堂上学生充分展示自我，回答问题积极踊跃，表现出一种阳光、向上的自信。

2011年11月24日

立志宜思真品格，读书须尽苦功夫

我和孙老师相识于2008年广州市高一中心组的教研活动上，当时教研室胡老师宣布孙老师是广州市中心组的组长，我在台下聆听。当时他的发言很简单，给人感觉人很朴实。这次听课算是又一次的近距离接触吧。孙老师今天主讲的课题是高二年级的《文化在创新中发展》，从课型看属于新授课。节录如下：

【课堂片段】

合作探究一：赏析《幽篁坐啸图》和沙画艺术（VIDEO视典沙画YOUKU）。

设问：

（1）沙画与传统画相比，有哪些同与不同？

（2）这些不同是怎样产生的？

（3）在文化创新方面，沙画艺术的发展给我们什么启示？

合作探究二：欣赏小提琴协奏曲《梁祝》，提供《梁祝》的产生过程。

设问：从外来音乐民族化的最初探究到《梁祝》的最终问世，这一过程对于我们进行文化创新有何启示？

合作探究三："薪火相传90载"。

设问：运用文化创新的知识，结合我校校庆系列活动，谈谈对创新校园文化的看法。

【课堂随想】

"立志宜思真品格，读书须尽苦功夫。"不仅是立志、读书，上好一节课也是如此。孙老师这堂课最大的特色是上出了文化课应有的文化味道！

（1）课堂素材很丰富，呈现方式多样，有水墨画经典《幽篁坐啸图》，也有《沙画艺术》的视频资料，有利于引导学生正确感悟和认知。我在上这一课的时候多半都是将现成的结论抛给学生，两相对照，顿感惭愧。

（2）教师的知识演绎功底非常扎实，把看似抽象的文化知识分析得透彻、明晰。课堂结构也很完整，层层推进，逻辑严密。

（3）看得出孙老师是个热爱生活、热爱艺术的有心人，能在传统和现代文化中选取典型的材料作为课堂资源。

（4）还有一点让我特别佩服。授课过程中，当学生并没有充分领悟和配合教师的课堂节奏时，孙老师并没有直接把现成的答案抛给学生，更没有责怪学生，反而循循善诱，真的很不容易。要在教学过程中如此淡定，不是人人都可以做到的。

瑕不掩瑜：

（1）高二理科班，学生对本学科的重视程度不足，课堂参与热情不够，部分学生游离于课堂之外，与教师预设的效果有一定距离。

（2）设问方式可以适当降低难度，或者提供更丰富的背景材料。如开场的第一个探究活动，学生对于设问"沙画与传统画作相比，有哪些同与不同"热情不高，其中对于沙画知识的储备不足应该是重要原因。建议可以在赏析了《幽篁坐啸图》之后，提供适当的背景材料，让学生对于沙画艺术有所了解，而不是仅仅由教师口述。

2011年11月25日

三人行，必有我师焉

——新华中学教研听课有感之一

【课堂片段】

3月1日，全区高三年级教师在新华中学进行文科教研，主题是二轮专题复习课的课堂备考方式。由新华中学曹方竹老师和花东中学高翠玲老师分别执教，给大家提供了可以借鉴学习的授课范本，同时也进一步激发对二轮复习的深入思考。记得我来花都第一次听的公开课就是曹方竹老师的，这次已经是我第4次来听课了。曹老师依然坚持着她亲和、清晰的鲜明特点，给听课的师生奉献了一堂"舒服"的复习课。

【课堂随想】

今天的教研听课和交流，让自己再一次体会到"三人行，必有我师焉"。

1. 可信性

（1）善打"亲情牌"，教师的个人素养不错，具有很强的亲和力。

（2）善于"小题大做"，抓住细节。在选择题分析时对学生的肯定与鼓励，其实就是在渗透学法指导；最后的寄语，也是情感态度价值观的升华。

（3）具有创新意识，敢于尝试原创题。

2. 目标性

（1）教学目标清晰，知识能力突出，也照顾了情感态度价值观。只是最后的结语由于时间不够，而略显仓促。

（2）课堂流程十分顺畅，得益于语言过渡的锤炼。如以"近三年高考选择题真题"到归纳"考查特点"再到得出"备考启示"，思路很清楚。在分析"备考启示"时，第二点就是"关注时事"。教师话锋一转，通过一句话："同学们，最近有没有关注我们身边的时事呢？"顺利进入下一环节"近期时事搜索"，从而引领学生关注时政。

（3）以学定教，准确把握学生的学情。课堂的第一环节是学生展示课前的知识构建，教师设计如下：学生展示—学生点评—教师板演、动态生成—PPT展示。这个过程中，教师引导学生认识"内容的概括"和"体系构建"的不同层次要求，引领学生深入把握知识的内在联系。

3. 科学性

（1）遵循学生的认知规律。有关解题的特点、备考启示等都不是教师直接抛给学生，而是共同分析得出。如果能有学生代表发言、生生互评补充，效果应该更好。

（2）突出高考能力的培养。如非选择题的获取与解读信息、调动与运用知识的能力得以彰显。教师也很注意变式训练，特别是从中观、微观两个角度引导学生把握近两年广东高考的命题特色，增强了复习课的意味。

4. 三点建议

（1）教师的课堂机智以及课堂资源的灵活处理。如讲解2008年广东文基17题："激湍之下，必有深潭；高丘之下，必有浚谷"蕴涵的哲理是（　　　）

A.对立统一的关系　　　　　B.质量互变的关系

C.肯定与否定的关系　　　　D.矛盾的普遍性与特殊性的关系

在订正答案的时候，A、D存在明显分歧，做对的同学在发表意见的时候并没有把A、D区分清楚。这时，教师应该趁热打铁，依据学生思维存在的困惑，引导学生回归基础知识，及时点评。

（2）提供近三年广东高考关于矛盾观的考查题目后，教师只是归纳了高频考点，没有提醒学生关注未考点。

（3）在提供限时训练主观题的答案时，可以更加精练，以切实减轻学生的负担。

2012年3月3日

学不可以已

——新华中学教研听课有感之二

【课堂片段】

新华中学听的第二节课是花东中学的高老师讲授的，整堂课的设计流程清晰，讲练结合，以讲促练，具备较为浓厚的二轮复习课的意味。对于我们后阶段即将开始的二轮复习具有较好的借鉴意义。

这堂课的主要优点有：

（1）高考备考意识强烈，归纳出了近年高考关于哲学部分的考查方式的变化特点，从而引起学生关注。不仅要关注综合性的试题，也要注意考查具体的原理。

（2）注意提升学生能力：如课堂上的限时训练，用倒计时8分钟的方式，强化学生的时间意识和规范答题意识。在评价题目的时候，对于审题步骤的引导也做得很详细：审设问（知识范围、设问类型、材料限定）—调动相关知识—再审材料（分层次概括大意、找准关键词）。

（3）强调变式训练，注意引导学生多角度分析问题。

【课堂随想】

"学不可以已。"虽然我今天只是一名听课观摩者，但是想起我多次的异地教学的经历，非常能理解高老师的感受。

（1）由于异地教学的缘故，对于学情和教学场地不适应，教师的课堂行为较紧张，没有充分放开，出现了两次知识表述的口误。

（2）对于学生的课堂回答，教师回应不充分，课堂互动有待进一步提升。如学生限时训练后，有一学生回答"好处与不好之处"反映"一分为二"的时候，教师只是说不准确而再点其他同学回答，没有及时利用该生回答不完整的这一突发性课堂资源，将思路引导到材料中的"成就"与"问题"上来。又一学生回答"矛盾的普特关系"时，教师可以进一步追问何为"普遍性"，何为"特殊性"，让学生深刻领会二者的准确内涵。

（3）变式思考的讲解时，教师可以不用花费过多时间，由学生分析或者教师提供思路即可，为后阶段的课堂推进节约时间。

2012年3月4日

山不厌高，海不厌深

——中大附中"同课异构"观课体会

【课堂片段】

2012年5月9日，高一中心组在中大附中举行了一次"同课异构"的教研活动，课题是必修二《民族区域自治制度：适合国情的基本政治制度》，授课人分别是中大附中的刘老师和广铁一中的钟老师。按照组长的任务布置，我有幸作了评课发言。总体来看，两位老师都做了充分地准备，课堂设计匠心独运，教师基本功突出，而且各具特色，为参与活动的教师展示了两堂个性鲜明的公开课。非常感谢两位老师的辛苦付出，我收获良多，受益匪浅。两堂课亮点很多，试从课堂构成要素的角度，归纳共性的方面，简要小结如下。

1. 课堂导入

两位教师都坚持情境化的课堂导入。情境化的课堂导入，有利于激发学生兴趣，为后续学习奠定良好基础。

2. 课堂流程

两位教师比较注重用线索贯穿整个课堂流程。钟老师将整堂课分为三个步骤，即"自主学习—案例探究—课后作业"。刘老师则充分调动学生的主体参与，用5轮学生活动串联课堂，即"利剑出鞘—尽显锋芒—披荆斩棘—所向披靡—凯旋而归"，学生积极参与，合作探究意味浓厚，课堂气氛活跃。

3. 课堂资源

两位教师课堂的信息量都比较丰富，课堂资源较为多样化。从形式上看，不仅有文字资料，还有图片、表格以及视频资料。从课堂主体上看，既有教师提供的导学案，也有学生资源。

4. 知识呈现

两位教师都注意运用表格方式类比知识，使知识呈现更为直观、清晰。

如刘老师讲解民族区域自治制度的客观必然性时，用表格归纳、整理知识（见表1）：

表1

民族分布特点 （社会基础）	历史传统 （历史特点）	民族关系 （政治基础）	国家性质 （根本原因）

如钟老师进行案例分析时，为了比较俄罗斯和中国的民族政策的不同，设置了比较表格（见表2）：

表2

国家	民族政策或具体措施	效果
俄罗斯		
中国		

5. 培养学科能力

两位教师都比较注重学生政治学科能力的培养，尤其是获取和解读信息、调动和运用知识能力体现得较为充分。通过PPT投影相关文字资料，引导学生分析、解读资料，有效提升学科能力。

【课堂反想】

"山不厌高，海不厌深。"从新课程理念的更高要求来看，两节课的有些细节还可以进一步精雕细琢。几点粗浅的建议如下。

郑老师：

（1）《导学案》提供的案例材料文字数量过多，增加了学生的阅读量。

建议进一步精炼文字，或者将整个大篇幅的文字材料分解为几个前后关联的小材料，化繁为简。

（2）教师的知识演绎能力较强，对知识讲解很充分，建议学生主体参与还可以更加突出。

（3）课堂师生关系和知识结论的生成上还可以更加和谐、自然。这和钟老师异地教学的客观困难有关，也和授课场地从七楼临时调整到一楼会议室都有一定的关系。

刘老师：

（1）课堂环节设计略多，使整个课堂任务显得繁重。从课堂流程来看，有点赶节奏，导致学生展示不够充分。建议可以适当精简或者合并，比如将第一轮"利剑出鞘"的相关问题精简压缩。

（2）采用小组合作学习，学生训练有素，积极参与，课堂氛围融洽，但是课堂结束时没有对学生的课堂优异表现进行适度的肯定和点评，稍显遗憾。

（3）教师略显拘谨，没有完全放开。

2012年5月9日

虽不能至　心向往之

——以《发现自己的潜能》一课为例

【课堂片段】

"有效教学、聚焦课堂"是学校第六届优质课评比活动的主题。从本次活动的流程来看，筹备发动、选手选拔、正式比赛、课后评价反思以及最后的教学研讨，对于促进教师的专业成长、推动学校教学的实践探索，有着积极的意义。

我认为，要将课堂改革真正推向纵深发展，不仅需要活动形式上的外在渲染，更需要内在的理性思考。其实，打造"有效课堂"并非某一次评比或者竞赛就可以一蹴而就的。教师不仅要重视某一堂课形式和活动的临时思考，更应有长期关注课堂改革的坚持。实践证明，一名优秀教师应有"虽不能至"的紧迫感，以及在教学实践中"心向往之"的目标追求。即善于在主动改变、及时调整的过程中打造"有效课堂"！下面以范老师《发现自己的潜能》一课为例，谈谈听课感受。本节课优点较为突出，列举如下。

1. 尊重学生主体，彰显课堂角色的参与性

七年级学生正处于少年期，这是学生生理、心理急剧变化的关键时期，属于从童年向少年过渡、幼稚向成熟过渡。这一时期学生的自我意识开始增强，不断对自己进行重新审视。范老师基于这一基本认识，课堂设计上非常重视学生的主体参与，坚持了可贵的生本理念。如为了彰显学生的个性特长，在课前准备的基础上，让学生进行了特长的现场展示。第一组是男生诗朗诵组合，第二组是女生长笛演奏，第三组是学生的书法、绘画作品。

每个学生有着巨大的潜能，但学生对自我的潜能缺乏足够的认识，范老师的积极引导，会使学生认识到每个人都有巨大的潜能，有利于培养学生的自信心。

2. 重视情境设置，体现课堂资源的活动性

本课的设计理念为：重在提高学生合作探究和积极实践的能力，符合新课程生本教学的理念，力求将抽象的内容具体化、形象化，枯燥的内容生动化。课堂以活动串联，将正确的价值引导蕴含在妙趣横生的活动主题之中，突出学生的感悟和体验。通过学生自身的实践，启迪学生独立思考，真正体验"我能行"，从而树立信心，不断挖掘潜能完善自我。范老师在教学中所应用的教学方法之一就是游戏活动法。从听课实效来看，有效的课堂活动主要有：

第一，通过心算游戏、观看相关视频导入新课。从学生熟悉的算术入手，贴近学生生活；游戏的方式增添了趣味性，使教学自然、流畅地进入学习主题。

第二，为了体现"人的特长是某方面潜能的表现"，学生的个性特长在课堂上得以充分展现，主要方式有诗朗诵、长笛演奏、漫画展示等。

第三，以《中国达人秀》为背景材料（视频与文字），设置小组讨论探究，组长记录并发言。

第四，举哑铃——挑战身体运动能力。本活动是在课堂主体知识讲解分析基本结束后进行的，从听课效果看，主要目的是引导学生运用所学知识分析、感悟，实现知识掌握的升华与提高。

总体来看，各项活动开展顺利，效果良好，实现了生生互评，师生互动，课堂气氛趋于活跃。不仅让学生体验到自己是课堂的主角，有利于激发其学习的积极性，而且让学生树立了发掘潜能的信心，感受到了发掘潜能的快乐。

3. 强调启发引导，注意课堂知识的生成性

从范老师的教学设计可知，本课的教学内容主要指向学生自身，所以教师注意充分挖掘生本资源，构建学生为主体的课堂模式。在教学中，让学生充分回忆、反思自身情况，提高对潜能的认识，不断建构对自己信心、能力的认识，从而实现课本知识的自然生成。

以最后一个学生活动为例：挑战身体运动能力——举哑铃。教师先后请了三位学生上台体验，三位学生各有特点，第一位学生首先创造了77次的好成绩，第二位学生65次；第三位学生63次。范老师没有停留在学生活动这一形式的简单展示，而是紧接着现场采访了三位学生的体验感受。师生提问对话如下：

"你一下子就举了77次，创造了纪录，你怎么这么厉害？"第一位学生回答："我平时就喜欢体育锻炼，有时候在家里也会练练哑铃啊。"

教师问第二位学生："后半段节奏明显放慢的时候，你在想什么？"学生回答："继续做下去！"

第三位学生在前两名同学的优异表现下，明显面临着巨大压力，在教师和同学们的多次掌声鼓励中才走上讲台，而且低调地给自己定位"只是想做

50个"，当他以63次完成体验后，教师提问："你做到50个的时候为什么没有停下来呢？"学生回答："我想挑战一下！"

从三位学生的回答来看，"平时喜欢体育锻炼"显然就是坚持"实践法"，"继续做下去"则是一种"积极的暗示"，而"我想挑战一下啊"体现了学生勇于面对压力、接受挑战。这样，通过学生的切身参与传达出"如何发现自己的潜能"的三种主要的具体做法，从而突破了教学重点。这样的知识生成方式，对于学生来说，显然比教师单一的理论说教具有更强的可信度。

4. 突出情感态度，坚持德育功效的渗透性

整堂课情感态度价值观目标非常明确，突出了思想品德课的德育渗透功能，凸显了思想品德课的学科特色。在如下环节尤为明显：

文字资料：第一届中国达人秀总冠军。他自幼失去双臂，12岁时开始学习游泳，19岁自学钢琴，一年后达到专业7级水平。他的房间里贴着著名音乐人的大幅海报，他的理想是成为一名音乐制作人。

2010年8月，在首届《中国达人秀》现场，当演奏完钢琴曲《梦中的婚礼》后，全场起立，掌声雷动。当评委问演奏者这一切是怎么做到的时候，他说了一句："我觉得我的人生中只有两条路，要么赶紧死，要么精彩地活着。"

在讲解"如何发掘自身潜能"这一重点知识时，范老师提供了《中国达人秀》的相关素材。教师在实施这一活动时采用了"抖包袱"的方式。首先要求全体同学闭上眼睛，用心感受钢琴曲《梦中的婚礼》，当同学们陶醉在优美的旋律之中时，再让大家睁开双眼，同时出示中国达人秀的感人材料，学生显然被这一明显反差所感染，达人身残志坚的斗志与永不放弃的精神在无形之中走进了学生的心灵深处。接下来，教师布置学生分小组讨论，组长记录并发言，德育渗透自然是水到渠成。

【课堂随想】

范老师作为年轻教师应对课堂突发事件的处理能力相对较弱，知识储备和理解深度仍有待进一步提高。笔者有几点浅见仅供参考。

（1）以《中国达人秀》为背景材料，听完钢琴曲后，教师仅提问一个学生的感受，学生反馈"感动"。从听课角度来看，学生发言略显单薄，建议多找几名学生表达自己的听后感，最好能有不同的见解，这样既可以丰富课堂思想，更是一个在潜移默化中渗透情感态度价值观的难得契机。

（2）提供达人秀的事例后，在学生小组合作探究的基础上，师生共同归纳"如何发掘自身的潜能"这一核心问题时，教师提供的PPT投影中文字材料与教材观点对应不够准确，也没有将"做法"用自定义动画的方式动态显示出来，不利于有效培养学生获取和解读信息的能力。

（3）教师对于学生回答的答案点评力度不够，有效提升不足。如举哑铃环节三位同学的不同的回答：第一位学生："我平时就喜欢体育锻炼，有时候在家里也会练练哑铃啊。"第二位学生："继续做下去！"第三位学生："我想挑战一下！"针对不同学生的回答，教师只是简单肯定，并没有从学生答案引申开去，及时进行情感态度的提炼与引导，显得反馈力度不足，略显遗憾。

通观《发现自己的潜能》这节公开课，虽难免有年轻教师青涩的影子，但是谦虚好学的态度、尊重学生的意识、勇于探索的精神尤为可嘉。假以时日，相信范老师定能逐渐成长、成熟，成为一名优秀的贯彻新课程理念的思考者和实践者。

2013年1月8日

为有源头活水来

【课堂片段】

青年教师小徐老师准备参加学校的公开课展示，为了更好地呈现教学水平，科组先行磨课。本课有几个突出亮点。

首先，《国家的财政》一课，教材现有的知识顺序是：财政的含义→财政的作用→财政的收入与支出→影响财政收入的因素→财政收入与支出的关系。徐老师并没有按部就班地照搬上述顺序，而是对教材知识进行了重新整合。即首先提出"财政的含义"，其次分析其构成——"财政收入与支出及其相互关系"，然后讲解"影响财政收入的因素"，而把知识难点"财政的作用"放在最后。这样的处理不仅体现了知识难度由浅入深的顺序，而且符合学生的认知水平和思维习惯。

其次，徐老师设计了讲学稿，并且充分考虑到学生的实际（学情）、教师的实际（师情）。第一，本框题的财政知识与第一、二单元的商品、货币、消费等不同，距离学生生活实际的距离相对较远。为了更好地让学生理解，化繁为简，徐老师的"教法选择"是："选择创设情境、合作探究的教学方法。以最近的时政热点'党的十八大'为切入点，以情境问题为核心线索，学生通过小组进行合作探究，教师适当引导、点拨。"这样处理不仅符合学生的实际情况，而且符合从特殊到一般的归纳思维规律，让学生在探究、合作中感悟知识，较好地激发了求知欲。第二，按照教参建议，本框题的教学时间为一课时，但是本框题知识内容繁多，从教学实效来看，仅用一课时讲解，学生接受和领会的难度很大。为了增强学生对教材知识的总体把握和熟悉程度，徐老师在课前预习环节中增设了"知识建构"。从教学效果来看，明显提高了课堂教学的针对性和有效性。

再次，徐老师在开发教师、学生等人力资源上有三点值得借鉴。第一，课堂导入选取了党的十八大相关新闻，有意识地引导学生关注时事，并且采用角色体验——"我是十八大特派记者"。这样设计有利于缩小心理落差，让学生感悟到，原来高层政治动向也并非神秘不可捉摸，从而较好地调动了学生参与学习的积极性和主动性。第二，在讲解"影响财政收入的主要因素"这一重点知识时，徐老师没有单一进行理论演绎，而是采用了模拟财政部新闻发布会的课堂活动，由学生扮演财政部发言人、企业代表、居民代表等，进行现场模拟互动。在不同主体的见解交锋中，让学生明确"财政收入并非越多越好"，还必须制定合理的分配政策，正确处理国家、企业和个人三者之间的关系。第三，讲解"财政作用"这一难点时，徐老师不是逐一串讲，而是让学生通过小组讨论，结合现实分析。从课堂反馈来看，关于"促进国民经济平稳运行"这一作用，由于涉及国家宏观调控，理论深度较大，学生基本不能自我分析，即使回答也是照本宣科地朗读书本有关段落。显然这就是教学疑难，徐老师及时"指导"，彰显出教师的指导意义，做到了讲在关键处。

【课堂随想】

"勉之期不止，多获由力耘。"如何合理开发课程资源直接关系到一堂课的质量，关系到课程改革的推进。这是每位一线教学工作者必须思考、实践的课题。可以说，一名优秀的教师，一定是善于利用课程资源的主动开发者和自觉践行者。个人认为，课程资源开发的具体策略如下。

1. 以立足教材为基础，坚持资源开发的创造性

教材是落实课标的载体和手段，教材是基本的课程资源，所以要尊重教材、理解教材。开发教材资源常用的手段有：巧用教材的案例、情境、活动设计；积极引导学生做教材的对话者；积极开展教材比较研究等。上述手段的核心就是如何创造性地利用教材。即做到由科任教师根据教学时间和学生的实际来决定是否需要更新教材内容、改造教材主题、忽略某些设计或增补时事政治内容等。

在这个过程中，教师必须围绕教学目标，对教材内容进行加工、整理、剪裁内容。教师，要在理解文本的基础上，抓住学生的"兴趣点"，发掘教材中的"空白点"，寻找课程新的"增长点"。

2. 尊重学生思维认知，坚持资源开发的实用性

以现在流行的导学案为例，从本质上看，导学案就是对教材的翻译和二度创作，具有调动资源、督促预习、指导学习、检验教与学的功能。作为教师，要想编制一份好的导学案，要在"导""学""案"三个字上下足功夫，立足学情，与生活实际结合，激发学生强烈的求知欲。教师要注意扬长避短，从自己的能力和水平出发，对教材进行再开发，设计出具有较强适应性的导学案。

3. 重视课堂人力资源，坚持资源开发的动态性

课堂资源并非只是静态的，事实上，更应该实现动态开发，因为教师与学生的生活经验、感受、爱好、知识等都是课程资源的有机组成部分。教师应根据具体的教学目的和内容去开发、挖掘，让学生成为教学的真正参与者、创造者，这也符合新课程生本思想的本质要求。

4. 发挥科技传媒效用，坚持资源开发的时代性

随着现代科技的迅猛发展，互联网已成为重要的信息传播渠道，具有方便、快捷、全面、经济的特点。作为教师，应该发挥互联网等科技手段的积极作用，充分地挖掘适合学生学习的素材，精心筛选所需内容。

《国家的财政》这一课，我认为在课堂资源开发上尚存两点遗憾。

第一，本课的形式多样，先后采用了"角色体验""财政部模拟发布会""小组讨论""巩固训练"等诸多形式，而且PPT设计精美，大量的数据资料，鲜活生动，为课堂增色不少。但是，形式和内容的契合程度上，仍需进一步打磨。如作为引子的"学生记者体验"，课堂伊始的确激发了学生的探究兴趣，但是随着课堂流程的推进，作为听课者，并没有感受到这一角色参与给学生课堂学习的实际意义，仿真性不足，自然使课堂实效打了折扣。由此观之，部分教师在开发课堂资源时由于追求表现形式的精彩，而忽视教学内容本身应有的理论价值，往往容易落入"重形式、轻内容"或者"形式大于内容"的窠臼。

第二，课堂进行到最后"巩固练习"环节时，有如此细节：教师准备了三道选择题，一名学生被点名回答第二道选择题，她的答案是B（参考答案是C），教师发现她的答案是错的，马上让她坐下，并请另一名学生说出了正确答案。在我看来，这不仅体现了年轻教师处理课堂突发事件的能力相对较弱，更失去了一次非常难得的开发课堂资源的良机。

平时听课时，我发现学生的反馈总是动态的、变化的，往往与教师的课前预设存在一定的差距。这本是教学过程中的必然现象，但在有的教师看来，学生的答案和自己的预设不一致就是出了错误，难免会着急，或者埋怨、责备学生，或者赶紧公布"正确"答案。事实上，课堂上的所谓"错

误"正是一种直观、鲜活的课程资源。当学生出现各种"错误"时，教师要首先肯定学生的积极参与，使学生在愉快的心情中去想问题。同时要留给学生思考的时间，让他们自我发现、自觉纠正思维上的偏差。

针对上述学生的答案为B，并非教师的课堂预设（参考答案为C），应有更合理的处理方式：不要轻易表态和公布答案，而是先鼓励该生谈谈对题目的理解和选择的理由。根据我的经验，很多学生在这个"反刍"的过程中就会发现自身思考的不严谨，从而自我纠正。这显然比将现成的答案灌输给学生要更好。即使不能自我矫正，还可以通过生生互评、师生互动加以解决。

总之，教师要能将学生困惑的问题、暴露的错误、创新的思路、课堂偶发事件等巧妙地运用于教学活动中，化腐朽为神奇，变意外为收获。如果能做到这样，开发课堂资源可谓出神入化。当然，这和教师的知识储备、课程理念、临场应变等直接相关，并非一朝一夕之功。

2013年1月14日

"荒诞"之外

【课堂片段】

今天到达参加培训的学校时，距离上课还有近一个小时时间。于是，所有学员合影，然后全班同学合影，之后就是自由活动时间。我在校园里闲逛，感叹学校面积之大，有山丘、有湖泊，教学区、运动区、生活区、办公区都相互独立，恍惚间觉得自己步入了大学校园。此次观摩了当天第六节课，地点在大会议室，整个会议室坐得满满当当。

主讲人：吴丰强。

课题：《话说荒诞》。

吴老师讲授的是一堂高中语文课。作为外行的我，受益匪浅的同时，有几点让我震惊。

首先，吴老师没有使用现成的人教版或者粤教版的高中语文教材，而是自己编写补充的阿尔贝·加缪《西西弗斯神话》。

其次，从授课形式上看，与其说是在给高中生上课，更像是给大学生上课，因为更多的时候是吴老师坐在讲台后面，侃侃而谈。当然，吴老师也会和同学们互动一下，但是以自问自答的方式居多，学生们都淡定自若，显然他们已经开始享受这种教学方式了。

再次，从课堂内容看，吴老师的课堂上没有观摩其他语文课时常见的老师对字词句的逐一讲解，然后归纳段落大意或者中心思想，再或者美文、美句的赏析、品味。取而代之的是"荒诞派文学""荒诞哲学"等看似距离高中学生较远的理论背景。吴老师引经据典的分析，彰显出他深厚的理论基础和高超的课堂驾驭能力。从课堂反馈来看，学生们课后的阅读面是广泛而惊人的。

【课堂随想】

课后我了解到，按照原定教学计划，吴老师完成《话说荒诞》这一课教学目标需要两个课时，第一节课只算是开了个头，刚刚开始涉及正题——西西弗斯神话。可惜，我们要去听校长和教研室领导的报告，没时间听第二个课时了。

如此"离经叛道"的教学方式，让我疑惑重重。我趁着课间机会，随机问了几个学生，才知道这样的课堂并非应付有人听课的故意"作秀"，而是吴老师长期坚持的课改方向。一名学生告诉我，现有的教材内容，吴老师只讲文言文部分，其余课堂上一概不讲。平日的每周6节语文课，有4节都是学生的阅读课。

我进一步提出疑问："你们觉得这样的语文课堂好吗？""好在哪里？"学生异口同声地回答："让我们丰富和拓展了眼界。"

我继续追问："这样的课堂教学是否会影响考试成绩？"一位满脸灿烂的女生非常自信地回答："我们的语文成绩并不比别人的差啊！"后来东莞

市教研室领导也证实了这一点，2012年高考全省语文单科前10名，2名在东莞中学松山湖学校，而且都出自吴老师的门下。

　　据说，学生笑曰："生子当生孙仲谋，为师当为吴丰强！"能得如此赞誉，身为人师，此生当无憾矣！

2013年3月13日

其 他 杂 感

充实的工作记录

眨眼之间，一周就过去了，虽然有些手忙脚乱，但是还是把该做的工作都完成了。回过头看，我都有些惊讶，自己居然一周做了这么多事情，还是很有成就感的，流水记录如下。

一周3个教案、12节正课，自不必说。

其他工作如下：

周一上午，科组教研活动时间，组织全组同仁观摩杜郎口课堂实录的视频资料，科组主任介绍山东之行所见所闻，深受启发。

周三，《政治生活》第一单元的单元测验。今天的四节课是监考，嗓子最舒服，加在一起说了不到10句话，要做的是4个班几百号人的试卷等着批改、统分。

周四下午，去圆玄中学异地教学，按照区教研员的要求上了一节练习评讲课，是全区的公开课，学生比预想的要好，基础知识的掌握不错，课堂气氛挺融洽，同学们没把我当外人，基本达到了课堂预设，几周来心里的包袱终于落了地。虽然明天有4节课，后天也有4节课，还外加两场监考，仍然感觉轻松了许多。

周五，午读时间、第三课小测、第八节、高一年级法律知识竞赛辅导。

周六上午，补课4节，下午补考监考两科，当然还有改卷。

另外，还抽空改了四个班的默写本、时事观察本、《学习与评价》。还有《经济生活》补考试卷的命题工作。

充实的第5周马上就要来了，又是一个新的开始。教学上的革新感觉迟早会来临，思想的争锋与较量也不是一个简单的过渡。

2009年3月6日

接触"四合一"教学

周五一大早去广州七中听课，回来时已经中午一点多，还有午读和下午两节课，感觉有些疲惫。但是近距离接触"四合一"课堂教学模式，还是十分值得的。

所谓"四合一"主体教学模式是将教学目标、教学生理、教学组织和教学手段四个元素有机结合的素质教育教学模式。

从理论上讲，它以"为了每一个学生的发展"为目标，以"全脑模型"作为学生的生理基础，以小组互助学习为组织教学的基本形式；以小组合作性活动为主体，以信息卡为教学手段之一，以个人评价和小组评价的双重评价体系为激励机制之一。

如今，在举国上下教育言必称"素质"、教学言必称"改革"的时代，这种方式还是很有借鉴意义的，操作性也比较强。上午听了三节课，本来政治只有第五节课才有，可是和其他学科老师同往，9点即到，赶上了第三节，于是还听了语文、地理，个人感觉，三节课共同的特点是：

一、小组合作学习模式，极大地激发了学生的积极性

组间同质、组内异质的特点，既体现了竞争与合作意识，也照顾到了每

一个学生，体现了学习的公平。让我困惑的是它分组的依据，"全脑图"如何操作？我还不得要领。

二、信息卡的使用有助于教师掌握学生情况

信息卡的使用可以让教师清楚地掌握课堂上学生的知识掌握情况，及时调整和解决存在的问题。

这是对我们平时感觉比较困难的一个问题，也是学生学得如何的反馈落实。一堂课究竟是不是好课，不在于教师讲得如何精彩，关键在于学生学的状况，这也是尊重学生主体的一种具体做法。

三、让学生课堂上真正"动"起来

1. 广度上

除了师生互动，还有普遍的生生互动。因为，小组合作模式各组相互竞争，学生参与程度高。

2. 深度上

不仅有学生的"嘴动""手动"，如积极发言、笔记、课堂板演，更有思维的碰撞、观念的分享。这一点，在今天的语文课堂上特别突出。初一学生的阅读水平让人惊叹，对文章的把握和作者情感的体悟非常到位，让听课者很享受。

3. 梯度上

五个手指也不一样长，再优秀的学校，学生程度也必然存在着差异，作为国家级示范高中的广州七中也不例外。但是，在"四合一"的课堂上，小组合作模式让各个小组成员真正领悟了集体的力量。而且，课堂流程中，学生举起手中信息卡时，教师可以根据学生反映的问题，让那些有与众不同答案的学生谈认识和看法，在学生互评和教师点评中澄清错误，统一认识，从而让不同程度的学生都有所收获。

我的困惑：听的三节课中，两节初一，一节高二，初中的课堂明显更加活跃，学生参与更加充分。听同事说，所听的高一数学课感觉很沉闷。不知

是学科特点还是高中生与初中生学情的不同导致的差异，看来还有待进一步观察和实践证明。

2009年3月22日

2009年高考有感

一年一度万众瞩目的2009年高考终于尘埃落定，虽然换了时间，变了环境，但是社会对高考的重视、考试对考生的重要性是不变的。

我最近一次高考监考还是很多年以前了，这次监考算是温习功课吧。和考生一起聆听铃声，体会考试的全过程，近距离感受高考的气氛，真是熟悉而又陌生。考场上，既要严肃考试纪律，更要给考生创造一个良好的应考环境。3天的考试经历了两个考场，换了两拨学生，让我又忆起自己和自己的学生的高考经历。

2009年高考结束，我有如下几点感受。

第一，考场门口没有声势浩大的家长陪考，让人觉得有些安静。加上考试的几天都是大雨，待各校接送考生的大巴绝尘而去时，校门广场空留衰败的黄叶，颇有几分荒凉，让人觉得不像是高考。

第二，今年监考借助现代化科技手段，更加规范和透明，如每天网络信息的及时发布、考场指令的统一录音广播、视频监控设备等。过去，学校没有统一录音广播，全部靠人工播音，我还担任了多年的高考播音员呢。2008年高考前夕，学生还问我："老师，今年高考能听到你的声音吗？"

当然，不变的是学校、家庭对高考的期待，祝福今年的考生实现梦想。

2009年6月18日

烦恼后的反思和总结

本学期，年级进行了文理分科，全年级共有6个班，2名政治老师，我教1个文科班、2个理科班，班号为1、4、5。近一个月的教学经历，有些小烦恼。

先说一班。作为文科班学生，文科基本素养还很薄弱。部分学生满足于课堂上听听即可，对知识的掌握还停留在纯粹的记忆层次，甚至连每课的知识小测还不能一次过关。我要求学生课后做笔记整理工作，竟然有同学就把前置学案上的东西原封不动地照搬过来，根本不做修改和补充，完全是应付了事。

顺应学校的教学模式改革，我在课堂上试图开展以小组前置预习为主的课堂展示模式，想尽可能多留些时间让大家思考和表达，结果差强人意。特别是遇到知识点困惑时，学生缺乏深入思考的耐心和习惯，有的同学就直接说："老师，你来讲啊！"其实，不能全怪学生。因为，以往课堂基本都是教师讲授为主，学生习惯了"听""记"，严重弱化了自己的角色功能，仅充当着"录音机"和"抄写员"，而缺少自己的独立思想和理解。但是，这一点却正是作为选拔性考试的高考重点考查的能力之一。

我最为担忧的是四班，理科班中的基础班，人数虽然最少，但是最让人操心。长期的积习使得学风欠佳，班级正气不足，我上课时总得停下进度来维持纪律。即使如此，也只能维持不到十分钟的光景。课堂知识小测，一般能够第一次就过关的只有5人左右，让人有点失望。

在五班上课感觉还行，绝大多数同学挺配合，刚考的《文化生活》第三单元测验，选择题部分平均67分（满分90），比六班略高。练习评讲课上，提出问题、自主解决问题的环节都做得比较到位，和文科班相比，只是参与面不够广泛。

虽然有些烦恼，但是我做了总结和反思。我想，作为老师，首先要转变观念，多些耐心，更好地适应生情，这需要我做出一些调整，比如对知识小测的要求和方式，比如对前置学案的设置，努力使课堂的转变纳入既定的轨道中来。

2009年9月25日

关于哲学生活问卷调查的总结

一、发放与回收

发放62份，回收50份，回收比率为80.64%。

二、调查问卷反映学生情况

通过调查问卷的数据反馈，可以反映出学生已经具备一些政治学习的良好品质和习惯，希望继续坚持和发扬。

1. 同学们认识到平时的知识积累对于学习的重要性

如第15题，74%的学生认为学习最重要的因素是"平时的知识积累，重在理解"。

2. 学习主体意识较为明确

如第14题，对于平时的练习和考试中的错误，54%的学生认为"自己是学习的主体，会自觉改正错误，并及时订正在改错本上"。

3. 注重独立思考的作用，具有较强的自学意识

如第13题，48%的学生认为应"先独立思考，再让老师讲解最为疑惑的地方"；第9题，64%的学生认为应"按自己的理解对教材知识进行归纳、整理"。

通过调查问卷的数据，我也发现了同学们目前在哲学学习中仍存在以下主要问题，有待改进。

1. 对于哲学学习的意义不够明确

如第1题，40%的学生选择"现在还不清楚意义"，34%学生选择"高考需要、没办法"，只有18%的学生认为"正确指导分析和解决问题"。

2. 平时没有养成良好的自觉阅读教材的习惯

如第12题，53.2%的学生选择"偶尔翻翻"，42.5%的学生选择"课外1~2小时，但不固定"，而"课外安排2小时以上的固定时间看书"无一人选择。

3. 学习的主动性不够高

少数学生存在学习惰性，仍处于"等、靠、要"的被动角色。如第14题，22%的学生选择"看看其他学生的试卷，改正答案即可，等着老师来评讲"。

4. 学习观念比较陈旧

没有将自己作为学习活动的真正主体，对学校实施课程改革的参与程度不够。如第4题，34%的学生认为"小组合作学习有好处，但是为了节省时间，还是希望老师讲解为主"，20%的学生选择"习惯老师讲、同学听、抄笔记、课后背"。如第11题，26%的学生选择了"由同学讲评太浪费时间，应由老师来讲解"。

本次问卷的统计数据将成为后一阶段教学的重要依据。教师会根据实际情况，对于课堂教学环节、课后练习、知识小测等做出必要的调整。但是，学习的真正主体是学生，特提出以下建议。

1. 坚持预习，做好前置学案

预习时重点弄清主干知识点，并完成《学案》上的"课前学习"和"课堂学习"环节，如遇到疑难问题，课前做好记载，上课时认真关注同学和老师的讲解、分析。

2. 课堂之外，每周务必安排固定的看书时间

看书多思考"为什么"，注意领会知识的内在联系。

3. 改变记忆习惯，由"死记硬背"向"理解"转化，高度重视知识整理和归纳工作

每框题的知识框架结构应在阅读教材相关内容后，在不看书的情况下完成，训练自己对教材的熟悉程度，可以先在草稿纸上完成，然后再在笔记本上归纳完整。

4. 养成科学的做题习惯和审题思维

应按照教学进度同步完成《学习与评价》，选择题要养成"动笔读题"的良好习惯，并主动订正答案。大题要主动完成，培养解题的思路和规范。

5. 将哲学与生活相结合

哲学是一门工具科学，生活处处有哲学，要学会自觉运用哲学知识认识和分析社会现象，尤其是重大时政热点问题。

最后，学习是一个长效工作。希望每个学生都能够转变观念、持之以恒。希望大家能够尽快把握学习规律，多总结，勤思考，适当练习，成为学习真正的主人！

2009年12月14日

2010年广东省高中思想政治 "同课异构" 参赛感言

2010年5月16日—18日，我有幸作为广州市的唯一代表参加在佛山市顺德区举行的2010年广东省思想政治"同课异构"比赛，并获得全省一等奖的第一名，分享感言如下。

一、痛苦

1. 强竞争

4月30日，也就是五一放假前一天，我接到区教研室的通知，要求我5月4日参加广州市教研室举办的全市"同课异构"说课比赛，全市共有12人参赛，淘汰10人，仅剩包括我在内的2人。5月10日，比赛通过的2人赴越秀区广州市第17中学异地教学，各区的教研员担任评委，选出1名选手代表广州市参加全省比赛，我最终有幸被选中。

2. 强压力

5月14日，我赴白云区广外附属学校异地教学，由广州市教研室老师，白云区、海珠区、花都区教研员，广州二中的教导处主任听评课，提出大量修改意见，而此时面临决赛5月16日下午的报到只有1天半的时间了。现在回想起来，自己都不知道那一天半是怎样度过的。

5月17日—18日是比赛时间，高中组共有17名来自全省各市的高手，我抽签的比赛时间是18日上午第二节课。第一天上午我听了三节课，第一节是来自华南师大附中的老师，第二节是来自深圳市新安中学的老师，第三节是来自广东省实验中学的老师。三节课都很有特色，第一节构思巧妙，背景宏观大气；第二节亲和力极强，学生参与充分；第三节教师理论深度突出，演绎和学法指导超强，听过之后，我顿感压力倍增，回酒店晚上就失眠了。心想："头三节课都这么厉害，后面还有十几节呢，岂不更强？"事实证明，这三节课全部获得一等奖。

二、快乐

付出总有收获。我认为，这次比赛的成绩绝不仅是从接到比赛任务到最后决赛的过程中近20多天临时突击的效果；更是长期有意识地贯彻新课程理念、尊重学生主体地位、坚持课堂教学改革的结果。这次参赛，无论是教学设计、课堂的讲学稿，还是教学课件，都可以在平时的课堂上找到或深或浅的痕迹。可以说，参赛的过程虽然痛苦，但是结果是快乐的。

三、幸福

首先，要感谢区、市教研室给予的鼎力支持。从5月4日说课比赛的初赛，到5月10日广州市第17中学的选拔，再到5月12日花都区实验中学的听评课，直至5月14日广外附属学校的异地教学，包括决赛前夕，区、市教研室不仅提供了试教、参赛的平台，而且张云平老师、胡志桥老师、吴辉老师等各位专家还对参赛课题的课程理念、课堂设计、师生活动等细节提出了许多建设性的建议和意见，正是在高屋建瓴的新课程理论指导下，这堂课才被打造、磨砺得日渐成熟和趋于完善。

其次，要感谢花都区实验中学学校领导的全力支持。学校在本次活动中从课程调整、提供经费等方面积极配合，都为比赛提供了坚强后盾。

再次，要感谢科组同仁的倾情帮助。在课程打磨的过程中，本校的黄少莉、徐莎等老师参与听课、评课，并提出合理化建议。其他老师在繁重的教学工作的同时，也经常关心我比赛的进程，让我体会到团结的力量。特别要感谢李丽梅老师，为了让我能够全身心地参赛，平时的教学任务如理科班的课堂小测卷的准备、周五下午的选修二课程都被李老师主动承担，消除了我参赛的后顾之忧。

在各种力量的支持和关心下，在团队力量和集体智慧的凝结中，我取得了优异的成绩，我感到很幸福。

我坚信我们科组、我们学校越来越多的老师能够厚积薄发，把握类似的机会，从而实现自己的专业成长。

注：以上为应学校要求在全校教工大会的发言，节选自参与本次比赛的活动反思，有调整。

2010年7月10日

变身学生看课堂

近日学校召开了第五届教学研讨会，议程丰富，行程满满。10日全天的教学研讨，上午交流、分组讨论、小组发言，下午领导总结和观看视频讲座。

由于本次活动是学校和明人教育机构合办的，因此在 11 日早上由大山老师组织了一个以"放飞心灵"为主题的互动游戏。10：30 后活动开始，在快节奏的音乐声中，大山老师组织大家跟着节拍鼓掌，意图调动参与者的气氛，提供一种活动的真实感。接着，大山老师讲述了一个对学生的心理辅导案例，主旨是引导学生正确看待自身的缺点和对自我的赏识。

然后，通过循环报数将全体与会人员分成5组，各组围坐在一起，成为一个临时的小集体，并推选出具有象征意义的"老爸"和"老妈"。接下来的5分钟是各组的准备时间。5分钟里，各组要做好三个环节的准备：一是1分钟演讲，二是才艺展示，三是爱心传递（即通过肢体语言演绎成语或者专有名词并进行传达）。规则规定，每个小组一次性将三个节目表演完毕后，其他各组（包括本组）进行打分，分数有三档，即50、80和100分，累计得分最高的小组获奖。

活动在宽松、活跃的气氛中进行。才艺展示可谓各显其能。有小品、英文歌曲《merry christmas》、歌伴舞《青藏高原》、闽南小调《天黑黑》、经典老歌《红日》，而"爱心传递"因为走样的姿势和理解的错误，现场上笑声不断，结果每组最后的得分都是440分。

按照事先的规则，这种情况应该是并列第一名，人人有奖。这时，大山老师没有宣布活动的结束，而是熄灭了会场的灯光，让大家闭上眼睛，然后分享了两个故事。一是这个游戏的起源，重点介绍了一位无私的老人主张每一次都给其他组亮出100分的细节；二是美国得克萨斯州的克里曼"两个承诺"的故事，即承诺今后碰到他人有困难时，一定要伸出援助之手，承诺一定要把这种爱心传递给受助者。

听课结束后有几点个人观点，仅提出来商榷。

在我眼中，今天的互动其实就是给我们上的一堂培训课。前面的音乐、鼓掌、分析案例就是课堂导入环节，各组的节目即为学生活动与展示，最后则是教师的点评总结与升华。纵观整节课，教师的预设是理想的，学生的活动也很投入，展示非常充分和精彩，亮点很多。从得分结果来看，达到了大山教师的课堂预设——即"人人相互赏识才是共赢"。因此，为了按照计划把这堂课上完，大山是继续着自己的备课流程往前推进，抛出最后的两个故事，为了自己的最终目的做出铺垫。从这点意义上看，这堂课是不够成功的。

最后，作为课堂活动的组织者，大山并没有对课堂上学生的生成问题做出应有的回应，并及时调整自己的课堂策略。在我看来，这种课堂是不开放的。

2010年12月11日

渴望双翼　振翅高飞

度过了短暂而忙碌的暑假，临近开学，想起放假前布置的读书任务依然未完成。之前对曾老师的事迹有所了解，但没有深入研究，于是又翻出相关资料和信息，细细研读。曾老师的个人魅力自不必说，他的感人事迹更是让人自惭形秽。静下心来沉思，有两点使我深受启发：一是爱心待生，二是科学育人。无论是家乡湘阴，抑或是后来的岳阳、长沙，还是如今的北京，这两点一直渗透在曾老师教学生涯的灵魂深处，是他成功的关键，也是他屡次书写神奇的"双翼"。感受着榜样的力量，对照自身实际，我不禁联想到过去一年的教育教学实践，颇有感触。其实，如此"双翼"也应成为指导我提升和进步的助推器。

一、爱心真诚，完善教师人格魅力，增强学科的影响力和吸引力

《学记》记载："亲其师，信其道；尊其师，奉其教；敬其师，效其行。"要实现课堂教学的高效，增强学科的影响力和吸引力是至关重要的。曾老师正是因为自身无形的个人魅力，磁铁一般地吸引着学生。可以说，能

成为曾老师的学生是幸福的。而不断完善教师的人格魅力，即能在潜移默化的过程中，增强学科的影响力和吸引力，需要注意平时工作、生活中的一些细节。

1. 主动走近学生，真心尊重学生

我经常主动跟学生打招呼。也许有教师认为学生是晚辈，先跟学生打招呼不合适。其实主动跟学生打招呼并不吃亏，学生会觉得你平易近人，也乐意和你接近。记得亚运会火炬传递的时候，火炬传递结束后，学生们都解散了，我发现有两个平时课堂上比较内向的学生在路口徘徊，我主动和她们打招呼，才知道她们是住宿生，不熟悉路。于是我陪着她们从花都广场一直走回学校，边走边聊。不久后，我发现她们对政治学习的兴趣越来越浓厚，成绩也明显提升了。有人说，蹲下身子和学生说话，走下讲台给学生讲课，这是很有道理的，就是要关心学生的情感体验，让学生感受到被关怀的温暖。

2. 言必行，行必果，认真对待点滴小事

"身教重于言传。"教师的行为对学生的影响是潜移默化的，教育者本身就是丰富的教育资源，大到世界观、人生观，小到举手投足，都渗透在整个教育过程中。如果我们能以自己的人格魅力吸引学生，令学生钦佩、认同，那么我们的教育就已经向成功迈进了一大步。比如，早读一共15分钟，有时学生会迟到，就影响了早读的质量。于是我要求大家早读按时到校，而我自己一定会在早读之前就到教室。晚修为了给学生解答疑问，我经常会在22:00之后才离开教室。开学初，我给学生制订了明确的学习目标和计划，坚持每单元进行小结，每次知识小测由教师批改，每次限时训练全收全改，每次大考都进行总结反思。这样能让学生觉得老师做事有始有终，能说到做到，自然也就会把老师的话放在心上。有一次上完第五节课，我就被学生"围追堵截"，于是继续留在教室里给学生解答疑问，都忘记了时间，直到有学生买来龟苓膏和牛奶，提醒我先吃点东西，我才发现已经13点了。那一刻虽饥肠辘辘，却觉得所有的付出和辛苦都是值得的。

3. 一视同仁，鼓励后进，带动集体的进步

高301班总体基础较好，但是政治学科仍有几名同学相对落后，是班上

的弱势群体，每次考试都会给全班的平均分产生"负作用"。他们有的学习基础差，有的学习方法不对，有的是学习目标不明确。在政治这一学科上，他们得到的"否定"比"肯定"要多。我觉得学生最关心的是教师对他的看法如何，最大的愿望是受到老师的关心和喜爱，当我们面对那些暂时落后、存在不足的学生时，如果能发现他们的优点，然后真诚地、慷慨地去赞赏他们，就会激发他们内心深处的希望和信心，鼓励他们奋发向上。有名同学几乎每次考试都不及格，但是她有一个好习惯，就是答非选择题的时候，她会将材料分层标序，将材料信息逐一勾画出来，只是她基础知识很薄弱，大题得分很低。于是我在一次考试后，将她的试卷扫描后投影出来，在全班充分肯定了这种审题的做法，那节课她开始一直低着头，很不好意思的样子，而后半节课特别专注，我能清晰地感受到她得到老师肯定和关注后的喜悦。在高三最后的两个月里，她日益重视和落实基础知识，非选择题的得分能力不断提高，在几次大型的模拟考试中都可以得到中等偏上的分数了。我非常认同这句话："打着灯笼去寻找学生的优点，用显微镜来观察学生的闪光点。"尽可能创造条件让学生有展示自我的机会，满腔热忱地欢迎每个学生的微小进步。

4. 给学生更多展示自我的机会

要打造高效课堂，教师首先需要着力营造一种互相信任、互相欣赏、乐于表现、敢于表达的氛围，为学生提供足够的思考时间和研讨空间，鼓励学生探索，获得成功的体验和学习的乐趣。尽管高三年级的教学任务重、课时紧，但我仍然会毫不吝啬地在课堂上尽可能给学生展示的机会。比如高三上学期，学生在课前复习、自学的基础上仍会有一些疑问，如果教师不充分了解学生的情况就进行讲解，就缺乏针对性，所以我会给学生自己提问发言或者小组交流讨论的机会，让他们在思考和分析中统一思想、达成一致。在高三下学期后半段，为了训练和强化学生解答大题的能力，课堂限时训练的时候，我会让学生在黑板上板演，然后由学生互评，最后我才补充。这样操作虽然比较耗费时间，但是对于学生的审题规范、组织大题答案的能力有明显提升。

在学期末有学生如此总结："我很期待老师您下学期的课堂，希望老师能继续保持您踏实的教学，继续用您的耐心与热情浇灌我们这些为了未来而竭尽全力奋斗的学子。我相信只要我们共同努力，六月迎来的必定是你我他共同的笑脸。再次，谢谢您，老师！"

二、讲究科学，打造高效课堂，增强备考的针对性和有效性

"凡事预则立，不预则废。"曾老师对高三物理教学有独特的方法与技巧，他创建了高中物理"四步疑"教学法，所主持的高考工作、学科竞赛工作总有突破性进展，具有神奇般的效果，取得令人震撼的成绩。归结到一点，就是曾老师讲究科学、智慧育人，用先进的教学理念作为备考的行动指南。如果把高三学年的高考复习备考工作看作一个系统工程，那么决定这项系统工程是否高效、科学的重要因素就是要具备科学的备考意识。我觉得，这一意识特别强调复习备考的科学性和针对性，主要通过以下方面体现。

1. 研究考纲，明确备考指向的科学性

根据《2011年高考考试说明》，在第一轮复习时，我们不仅对每个考点逐个进行了解读和分析，而且对高考重点考查的四种基本能力进行归类分析，即"获取和解读信息的能力""调动和运用知识的能力""描述和阐释事物的能力"和"论证和探究问题的能力"。其中，"获取和解读信息的能力""调动和运用知识的能力"是选择题重点考查的能力；非选择题四种能力都有所体现，但侧重点是"描述和阐释事物的能力"和"论证和探究问题的能力"。这样的分析对于我们把握不同题型的特点、增强备考复习的针对性有明显的指导意义。

2. 研究学生，把握备考对象的特殊性

我校的文科生总体学习目标还是比较明确的。在备课组教师的引导下，学生对于政治学科也有较浓厚的学习兴趣，但是学习的依赖性较强，基础知识的掌握较薄弱，而且平时作业或者练习，只喜欢做选择题，大题经常只是看看，缺乏主动动笔的意识，所以形成答案的能力不强，非选择

题的得分一直偏低。所以，我在保证选择题正确率的基础上，重点强化了非选择题的训练，并且对常见的非选择题进行了分类。如根据设问的问题指向，可以分为限定型和开放型等；根据不同模块知识，可以分为政治学、经济学、文化学和哲学等；根据不同设问主体，可以分为政府、公民等；根据背景材料呈现方式，可以分为图示表格型、文字型和混合型等。根据分类，让学生明白不同题型的特点和审题基本要求，从而形成某一类型非选择题的答题基本模式。特别是最后阶段，我对于限时训练做出明确要求，每次限时训练试卷上，都会注明这套试题建议完成的时间，并要求学生交卷时务必写上完成的具体时间，强化学生的时间意识，提高非选择题训练的仿真性。

3. 研究命题，突出备考措施的针对性

历年的高考题和模拟题都有一定的共性特征和普遍规律，而这些也正是我们复习备考工作的重要指引。现以2011高考广东省文综卷第37题为例作简要说明。

37.（25分）阅读下列材料，结合所学知识回答问题。

材料一：近年来，在发展文化产业的过程中，一些地方出现了"名人故里"之争，甚至有炒作负面历史人物、制造假文物等现象。针对这些假文化之名争经济利益之实的行为，文化和旅游部、国家文物局联合发文叫停。

材料二：我国在文化体制改革中，科学区分了公益性文化事业与经营性文化产业。当前，我国正着力加快经营性文化单位转企改制。稳步推进公益性文化事业单位改革，并把振兴文化产业上升到国家战略的高度。截至2010年上半年，全国大多数经营性文化单位基本完成转企改制，据此，有人认为，文化体制改革就是搞文化产业化。

（1）结合材料一，运用《文化生活》的知识，分析行政主管部门发文叫停的原因。（9分）

（2）结合材料二，从真理的条件性、具体性原理出发，简评"文化体制改革就是搞文化产业化"的观点。（6分）

（3）结合材料二，运用两点论和重点论相统一的认识方法，谈谈你对文

化体制改革的理解。（10分）

试题特点：

第一，以高频时政热点为材料背景，涉及"名人故里"之争、文化产业的发展、文化体制改革，考查教材模块的重点知识，要求学生具有较强的时政敏感性。

第二，秉承了哲学类材料题惯常的命题方式，即以观点辨析为呈现载体，重点考查学生理解知识、辩证思维、归纳和整合知识的能力。

第三，符合近年广东省高考命题的特色："热材料、冷思考、大背景、小切口。"看起来是很热的"文化产业问题"，而命题却并不是单一考查文化学，第二问和第三问都是从哲学角度设问，而且设问知识的限制切口非常具体，第二问考查"真理的条件性和具体性"；第三问考查"两点论和重点论相统一"，对于学生规范审题能力、灵活调用知识能力都提出了更高的要求。

复习策略：

第一，引导学生关注2010年5月—2011年4月国内外的重大时事，特别是党和政府重要会议、文件、政策的最新变化和提法。

第二，强化哲学类观点辨析题的训练，提升得分能力。做到"三结合"："一辨，明确观点的性质；二析，说明观点的正误；三补，归纳补充完善。"

第三，针对"热材料、冷思考"的特点，要求学生做到"生题熟做"，即遇到看似陌生的题目设问，要在设问指向下，认真读懂材料，寻找结合点，从而降低答题难度，调用自己熟悉的知识点。要使学生做到这一点，通过科学的变式训练进行强化是关键。

4. 研究进度，增强备考过程的高效性

高考备考是一个整体的进程，是由每个具体的环节和阶段构成的。不同的时期，复习的主要任务和解决的问题也有所不同。如一轮复习主要是结合高考考点详细回归教材，把书本"由薄变厚"；二轮复习是帮助学生构建知识专题，形成内在逻辑体系，重点把握知识的内在联系，把书本"由厚变薄"；最后阶段则是热点专题和题型专题。只有总体筹划，才能将备考工作逐层推进，实现高效。有学生在考试总结中曾这样写到：

"我很喜欢老师您的讲课方式，您总是把很多知识点连接起来，虽然有时候一节课只能讲几道题或是几个知识点，但质量最重要，而我觉得您已经做到了。"（林同学）

"有一样东西我从老师那里学到了，是一样很重要的东西，就是对全文的概括和总结，也就是知识结构框图。这种学习方法不仅在政治上可以用到，在别的科目也可以用到。例如语文在议论文之类的文体当中也要用到整体概括，生物可以利用基础知识框图去记。这种方法我在初中的时候没有怎么用过，但在高中我经常用，因为我觉得这有利于我去学习。"（姚同学）

"我认为自己对政治特别有'情'。我喜欢政治，也想过把政治当作强科来发展，但现在看来还是有待提高。听老师说，您以前的学生做选择题基本上是不会出错的，那时候真觉得他们好棒，有种羡慕的感觉，但后来我也曾在选择题中得过满分，满足感、自豪感超强。那时候也就觉得考试对每个人来说都是均等的，只在于心态与勤奋。相信这样的机会在未来也会经常出现的。"（毕同学）

三、结语

行文于此，想起曾老师的一句非常朴实的话语，权作结尾。

"人有两张文凭，一张是在大学获得的，可能是专科、本科，也可能是研究生、博士等，但这张文凭并不是你在社会上的通行证；另一张文凭是在社会上获得的，这就是终身学习的文凭，而这张文凭是人们穷其一生也拿不到的，因为'活到老，学到老'，这张拿不到手的文凭才是一个实现生命价值的所在！"

从这个意义上说，曾老师是我未曾耳提面命的师长，也是我毕生努力奋斗的楷模！

2011年6月27日

2011年选修二作业之吴书记

选修二第二次课，选了吴老书记作素材，课后布置一份作业："在和吴老书记道别之际，你最想和他说的一句话。"同学们陆陆续续交作业了，言语虽略显稚嫩，但是基本坚持原创，抒发真情实感，我感到挺欣慰。节选如下。

一、少有的幽默类型

鞠躬尽瘁而后已，一身正气万人夸。江苏华西有一宝，此宝名叫吴仁宝。（汤俊）

二、表决心类型

（1）老书记，您辛苦了。您一生为华西村做出的贡献，我们看在眼里、记在心里。52年前您为华西村的建设付出了无数滴辛勤汗水，52年后的今天，华西村繁荣富强，到处一片兴旺之景，您功不可没。我们要像您一样，为强大的祖国再添一批栋梁！（黄铭枫）

（2）你真的很棒，你可以把一个小乡村变得像一个小城市一样，我想我们也可以，请相信我们！（龙颖）

三、高屋建瓴类型

（1）空谈误国，实干兴邦。切身为人民服务，您是我们心中永远的偶像。（毕芷华）

（2）谢谢，是您的创新让华西富裕，是您的行动告诉了我什么是为人民服务。（吴婉怡）

（3）您作为华西村的村干部，为人民服务，真正做好了您的本职，值得我们每一个人去学习；您的思想和精神，值得我们赞扬。（刘嘉怡）

四、感恩型

（1）吴爷爷，感谢您使一个小村成为中国的第一富村，您一路走好！（郭敏仪）

（2）感谢您多年来为人民服务，给华西村带来发展的机遇！（林剑浩）

（3）谢谢你，是您让我知道了农村也可以比城市繁华，让我也想做华西村村民！（骆慧）

（4）华西村的繁华就是吴书记的见证，只要华西村还在，就不会忘记您！（欧阳德榆）

（5）华西村创造的奇迹，可能是不可复制的，但是吴书记创业的精神永放光芒。是他一手创造华西村这个世界奇迹，他是新农村建设的一盏指路明灯！（李阳军）

（6）老书记，您一路走好！谢谢您为华西村所做的一切，谢谢您一直以来的无私奉献，谢谢您带领华西村一路前进！（黄国键）

2011年7月4日

珍 藏

——我的2012

短短的文字，承载着我满满的回忆……

记得小时候作文的开头最常用的是对时间的怀念，通俗点就是"一转眼""时间犹如指缝中的水流"；励志一点就会用"时不我待"；文艺些的便是"光阴荏苒""白驹过隙"。此时此刻，2012年的最后一天，我却有些词穷之感。

2012注定是不平凡的。

2012年，国人最大期望的应是党和国家新一届领导班子的全新亮相。"空谈误国、实干兴邦"的警语发人深省，轻车简从、财产公布的高风亮节让老百姓对2020年人均收入翻一番的愿景有着充足信任的理由。

……

2012年对于我来说，相比较2010年获得全国"同课异构"优质课特等奖的辉煌、2011年第一届高考的充实，倒是略显平淡了。2012的6月之前，我是忙碌的，因为和304班的孩子们并肩作战，幸运的是在他们人生大考的关键时刻，能够一起挥洒汗水，放飞梦想。

2012的暑期是快乐的，因为可以和来自远方的亲人短暂相聚；2012的暑期是难忘的，因为第一次体验飞赴重庆讲座的新奇；2012的暑期是纠结的，因为再一次面临抉择。

在各种莫名的情绪之中，新学期如期而至，一切都在喧哗与骚动中按部就班。

2012年，最多的体验就是各种考核，做得最多的事情就是整理材料，学科带头人、市骨干教师、"百千万人才工程""基础教育系统名师"，时间就在期望和等待中度过。突然想起："希望既无所谓无，也无所谓有。"一切不必强求，淡定就好，只因有梦！

在2012最后一天的最后几个小时里，QQ群里的同事们在商量倒数迎新年。

突然收到一条老同学发的信息，真是至理名言！权作结束语。

"有能力时，就做点大事；没能力时，就做点小事；有权力，就做点好事；没权力，就做点实事；有余钱，就做点善事；没余钱，就做点家务事；动得了，就多做点事；动不了，就回忆开心的事。我们肯定会做错事，但要尽量避免做傻事，坚决别做坏事。生活其实没啥事，一辈子也就这回事！"

2012年12月31日

千淘万漉虽辛苦，吹尽狂沙始到金

——我的专业成长感悟

接到广东省教育研究院陈老师的任务，要我提供自己的专业成长感想，实在是有些惶恐、不安。一来没有什么拿得出手的业绩进行分享，二来政治学科领域人才济济，我不算出众。但是陈老师盛情难却，我只能是作为一个过来人，简单谈谈个人专业成长经历的一点感悟吧。

我的祖籍是湖北，2008年夏天的工作调动来到现在的单位，任教广州市花都区实验中学。从千里之外的长江之滨来到珠江水畔，感受着从内地到沿海地区的差异，特别是考试模式、教学对象和教学环境等都发生了明显的变化，这种变化冲击着长期以来我已经形成的教学理念。为了适应新环境，我的教学思想、教学方式等都要做出相应的调整。这种调整虽然说不上是"阵痛"，但还是有很多的不适应。在主动调整的过程中，感觉自己的专业视野、水平修为等也有所提升。

个人认为，教师成长一般应遵循的基本原则是："专业是根本，科研是瓶颈，读书是养分，交流是动力。"还记得参加广州市首届"百千万"培养工程第五次集中培训的时候，华东师范大学教科院刘良华教授作了题为"中国传统文化与名师成长"的专题讲座，他明确指出不管是什么类型的教师，如果要受到学生的真正欢迎，必须具备两个关键要素。

第一，有专业素养，比如有教育智慧、有真才实学、善于管理、严而有度、以身作则、说到做到。

第二，有积极心态，比如风趣幽默、像妈妈那样温柔、有爱心、有耐心、有宽容心、有平等意识、有良好的精神气质。很显然，刘教授也是非常重视教师的专业素养的，因为这是我们安身立命之本。

不知不觉之间，我因工作调动来到广东已经8年时间了。时光飞逝，容颜易改，但是"位卑未敢忘初心"，支撑着我坚持奋战在教学一线的精神支柱就是"视政治似初恋""待学生如己出""对生活常感恩"。

一、视政治似初恋

从长江之滨来到珠江河畔，我一直追随着新课程改革的脚步，从旧教材到新教材，从广东卷到全国卷，从传统高考模式到新高考方案，从三维目标到核心素养，在一系列的变化中，我有过困惑、有过迷茫，但是始终牢记自己是一名高中政治人，耳边时常回想起当年老领导的嘱咐："一年尽快转正，三年站稳讲台，五年成为骨干。"如今，时空转换，但是老领导的教诲我始终铭记于心，只有始终保持初心，方可让自己在与时俱进的教学改革洪流中不至于迷失方向。

二、待学生如己出

刚参加工作当班主任的时候，很多家长都会跟我说："王老师，孩子就交给你啦，麻烦你多多教育，如果不听话，你该打就打、该骂就骂啊！"最后还恨铁不成钢地补上一句"您就当多生了一个孩子啊！"后来当自己为人父了，从女儿咿呀学语到蹒跚学步，从幼学启蒙到知识渐丰，她的点滴成长都牵动着我的神经，才真正体会到当年家长们的期盼与用心。所以，在教育教学的工作中，我始终秉承"考虑学生的实际""从学生的真实需要出发"，不管行政管理等其他事务多么繁杂，始终对教学工作不敢丝毫懈怠，对于学生的困难、疑问总是在第一时间给予回应和解决，学生也能体会到我的真心付出，一直以来师生关系非常融洽。

三、常怀感恩之心

2010年，我有机会参加高中思想政治"同课异构"比赛，通过花都区、广州市、广东省的层层选拔，最后幸运地作为广东省的唯一代表赴福建省厦门市一中参加全国"同课异构"优质课展示活动，并且获得全国特等奖。首先要感谢花都区教育局搭建的平台，感谢花都区实验中学的领导和各位同事的大力支持和理解，还要特别感谢许多专家的指导和磨课——花都区教研室吴辉老师，广州市教研室张云平老师、胡志桥老师，广东省教研室的谢绍熹、沈林老师，现在广东省教研院的陈式华老师、姚轶洁老师，等等。"众人拾柴火焰高"，正是团队的力量才让我站在一个更高的平台上，具备和全国优秀选手同台竞技的机会，开阔了我的眼界。

如今距离2010年的国赛结束已经6年了，往事依然历历在目，我时刻提醒自己，成绩属于过去，它只是鞭策自己不断前行的动力。正因为如此，我方能负重前行，近些年也取得了一些进步，获得若干奖项。

2010年5月4日，广州市"同课异构"说课比赛一等奖。

2010年5月18日，广东省佛山市顺德区国华纪念中学，广东省高中政治"同课异构"优质课比赛一等奖。

2010年10月28日，福建省厦门一中，全国高中政治优质课竞赛特等奖。

2011年9月，广州市花都区第三届学科带头人。

2012年9月，广州市第二届"中小学骨干教师"。

2012年10月，广州市首届"百千万人才培养工程"中学名教师培养对象。

2012年12月，中国教育学会"全国教育科研先进个人"称号。

2015年11月，广州市花都区第四届学科带头人。

2016年6月，广州市花都区优秀高三教师。

我在立足课堂的同时，积极投身课堂改革实践，并且注重做法和措施的提炼，努力提升理论修为。先后参编《学能步步高》（上海译文出版社）、《首辅一号》（光明日报出版社）、《中学思想政治情感态度价值观目标课堂实现策略》（广东高等教育出版社）、《"翻转课堂"导与学》（广东高等教育出版社），有10多篇专业论文、教学课例、复习专题等发表在《中学政治教学参考》《中学文科》《课程·教材·教法》《中学课程资源》《广东教育研究》《考试指南报》等刊物上。

"千淘万漉虽辛苦，吹尽狂沙始到金。"在今后的课堂教学中，我将始终不忘初心，秉承新课程理念，不断提升个人修养，继续做课堂教学改革坚定的倡导者、践行者。

2016年6月30日

策略篇

图表在高考政治复习中的运用

2010年是广东省高考模式由"3+文基（理基）+X"向"3+文理综合"转变的第一年。虽然都是选拔性考试，但是和往届的"X"科不同，高考文科综合能力测试十分强调考查考生对文科各学科知识整体把握、综合分析问题、解决问题的思维能力。考试既反映各学科知识之间的系统联系，又表现注重学生思考、知识迁移、多层次、多角度分析解决问题的通识教育理念。因此，如何帮助学生落实基础知识、构筑知识点之间的联系，引导学生多角度、多层次思考问题，实现知识的有效迁移，是政治学科复习备考的突出任务。作为知识呈现的重要载体，图表以其直观、准确、概括性强等特点在政治复习中起着重要作用，我试结合平时的一些具体做法就教于同仁。

一、比较相近、相似、相异的概念和知识点

概念较多、层次性强是高中思想政治的学科特点。在政治学科的复习中学生经常会遇到很多表述相近、相似的概念和问题，如果对知识的理解只是停留在表面或字面认识，就很容易将它们混淆。比如，《经济生活》中，商品、劳动产品和物品，货币与纸币，价值、价格和交换价值，国民收入、财政收入和税收收入等；《生活中的哲学》中，意识反作用、意识能动作用和主观能动性，主、次矛盾和矛盾的主次方面，一切从实际出发与实事求是，物质与意识、实践与认识和社会存在与社会意识的相互关系，认识的根本目

的和根本任务等；《政治生活》中，国体与政体、国家职能和党的领导方式、国家机关的职能和人民政协的职能、处理民族关系的基本原则和民族政策、正常宗教活动和封建迷信、和平与发展问题等。因此，在进行知识复习的过程中，我注意引导学生通过运用图表对易混知识进行比较，达到"明辨是非"的目的，从而准确把握相关知识的真正内涵。

1. 明确概念和知识点的相互关系

概念是反映事物特有属性的基本思维形式。要明确概念间的关系，主要是把握概念外延间的相互关系。因为外延是反映事物范围的，区别清楚概念外延间的关系，当然有助于概念的明确。一般说来，概念外延间的关系，总括起来，可以分为两大类，即相容关系与不相容关系。相容关系包含同一关系（图1）、交叉关系（图2）和属种关系（图3），不相容关系即全异关系（图4）。

（1）同一关系。

图1

（2）交叉关系。

图2

（3）属种关系。

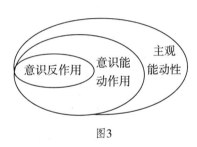

图3

（4）不相容关系。

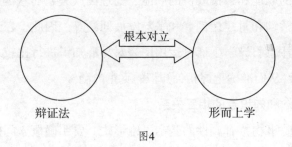

图4

2. 比较知识点的异同

在教学过程中，我发现很多学生在知识点复习时，往往只是关注了每个知识点或概念各自本身的含义，而对于不同知识或相近、相似概念的异同并没有给予足够的重视，结果在遇到以考查比较能力为重点的题目时往往失分较多。我们常说，"没有比较就没有鉴别"，只有在比较中去领悟知识的相同之处和不同之处，才会让我们真正地理解一个概念。比如，在复习《政治生活》时，学生总是容易将人民代表大会和人民政协的相关知识混为一谈，特别是对于选择题中的一些干扰选项无法进行正确地区分和排异，这就涉及对二者的比较。如果仅从教材字面上理解会显得比较杂乱，学生也觉得没有真正掌握，但是用表格进行异同点的比较和整理工作后则会帮学生形成一个整体、清晰的认识。人大和人民政协异同比较见表1。

表1

		人民代表大会	人民政协
不同点	性质	我国人民行使国家权力的机关	中国共产党领导的具有广泛代表性的爱国统一战线组织，是我国政治生活中发扬社会主义民主的重要形式
	职能	（1）全国人大是最高国家权力机关，具有最高立法权、任免权、决定权、监督权。	围绕团结和民主两大主题，履行政治协商、民主监督和参政议政职能

续 表

		人民代表大会	人民政协
不同点	职能	（2）地方各级人大是地方各级国家权力机关，是本行政区域内人民行使国家权力的机关，本行政区域内的一切重大问题，都由它讨论决定，并由它监督实施	
	产生方式	人大代表由人民群众直接或间接选举产生	政协委员是通过民主协商推荐产生
联系		二者都是中国特色社会主义民主的重要形式	

又如，主次矛盾和矛盾的主次方面一直是课标的重点知识，也是唯物辩证法的矛盾观中学生理解的难点。如果仅从教材的文字表述上让学生死记硬背，很显然是低效的。我在复习时引导学生从多个角度对二者进行区分，设计了主次矛盾和矛盾主次方面对比表（见表2）。

表2

不同点	主次矛盾	矛盾主次方面
含义	略	略
外延（前提）	复杂事物中的多对矛盾（"一"对"多"）	一对矛盾的对立双方（"一"对"一"）
地位作用	决定复杂事物的发展方向	决定事物的性质
方法论要求（识别方法）	善于抓住重点，解决主要矛盾	善于分清主流和支流，把握主流
代表性词汇	抓重点、关键、中心、重中之重、基础、放在突出位置、明确主攻方向（重在解决问题）	判断性质、评价事物优劣、分析利弊、判断形势、成绩与不足（重在评价认识事物）
常见成语或俗语	牵牛要牵牛鼻子、好钢用在刀刃上、工作做在点子上、学会弹钢琴、防止"单打一"、射人先射马、擒贼先擒王	主流、主要的、主体、本质、总的来看；金无足赤、人无完人；一个指头与九个指头；防微杜渐

117

续 表

不同点	主次矛盾	矛盾主次方面
违背原理的词汇、表现	捡了芝麻，丢了西瓜；眉毛胡子一把抓；十个指头按跳蚤	混淆事物的性质、主次不分、不辨优劣
相同点	矛盾的不平衡性问题	

二、构建知识体系，整理知识脉络

高考考试说明明确规定"文科综合能力测试更强调考查考生对文科各学科知识整体把握、综合分析问题、解决问题的思维能力。"这就要求我们在平时的教学和备考复习中强化整体意识，并帮助学生构建知识体系，梳理贯穿于知识之间的具有共性的脉络，让学生学会主动地为教材"把脉"。在复习《经济生活》时，我要求学生在掌握每一单元具体内容的基础上，深入领会知识的内在联系，注重从总体上把握知识，从而建立起整体框架，在教师的引领下，有学生用图5归纳了全册的主体知识，虽然存在不完整的地方，但是可以看出学生对于教材知识的熟练掌握程度，以及试图用自己的理解构建知识体系的可贵努力和尝试。

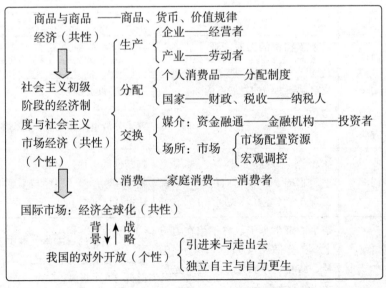

图5

三、提升对知识的理解程度

唯物辩证法告诉我们，整个世界是一个有机联系的整体，这要求我们用联系的观点看问题。不管何种形式的主观认识都是客观存在在人脑中的主观反映，因此，建立在有机联系的客观世界的基础上而形成的知识体系同样不是孤立的。所以，在学习的过程中我们应要求学生通过系统地学习，重点把握知识之间的内在联系，在头脑中逐渐形成完整的知识结构和逻辑结构，进一步强化从整体上把握、综合分析问题和解决问题的能力，从而有意识地提升对主干知识的理解程度。比如，某学生在复习哲学知识时，通过梳理流程图（图6），较为清晰地掌握了一切从实际出发、实事求是、承认和揭露矛盾及具体问题具体分析等方法论要求之间的内在联系，加深了对相关知识的理解程度。

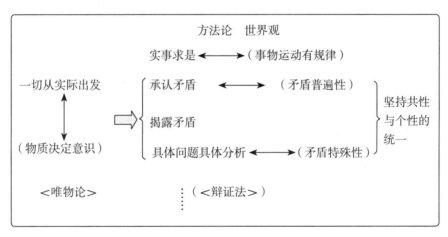

图6

四、超越教材的固有结构和体系，实现知识的重新整合

面对日益创新的高考文综试题，教师和学生都达成了一种通识，即文综考试既反映各学科知识之间的系统联系，又注重学生思考、知识迁移、多层次和多角度分析解决问题能力的考查。所以，在备考复习过程中就应该指导学生在领会知识内在联系的前提下，依据知识内在逻辑性、学生对知识的理

解程度和角度对教材的有关知识点进行重新整合，实现知识的"正迁移"。比如，在复习《政治生活》时，围绕在社会主义条件下我国公民与国家关系这一主题，我注意引导学生利用"3W"法（即What"是什么"、Why"为什么"、How"怎么办"）深入理解（见图7）。在知识整理时，可以坚持以本部分知识点为主体，并结合国家性质、国家机构、依法治国等相关知识。这样，既掌握了基本知识，又突破了教材体系的束缚，从宏观角度比较深刻挖掘了这一知识点的内涵，是符合高考的能力选拔要求的。

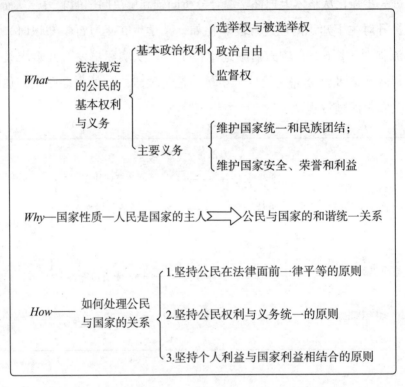

图7

总之，图表以其固有的特点在高中政治复习中的作用是不可替代的，当然图表的作用也不是孤立的，仍需要和其他方法结合起来运用。通过图表以及其他方法，可以引领学生在政治学科内部建立起联系，并根据知识的内在逻辑和规律，对教材知识重组、整合，构成一个有机整体。学生在归纳、比较、整理工作的过程中，对知识的理解和领悟产生更为深刻的思想内涵，为分析、解决实际问题奠定坚实的基础。

参考文献

［1］张大均.教与学的策略［M］.北京：人民教育出版社，2003.

［2］思想政治课程标准研制组.普通高中思想政治课程标准（实验）

　　［S］.北京：人民教育出版社，2004.

　　注：本文发表在《中学课程资源》（国际刊号ISSN1673-2634，国内刊号
CN21-1526/G4）2009年第6期。

高中思想政治课问题教学法之
情境创设研究

一、创设问题情境的内涵及必要性

依据教育部制订的《普通高中思想政治课标准（实验）》，高中思想政治课在课程基本理念的设置上，强调课程实施的实践性和开放性，即"要引领学生在认识社会、适应社会、融入社会的实践活动中，感受经济、政治、文化各个领域应用知识的价值和理性思考的意义；关注学生的情感、态度和行为表现，倡导开放互动的教学方式与合作探究的学习方式；使学生在充满教学民主的过程中，提高主动学习和发展的能力"。这一目标要求教师必须调整教学行为，引领学生在开放互动、合作探究的氛围中，思考问题、探求真理。因此，如何恰当地创设问题情境，让学生主动思考探讨，实现知识和能力的提升，就显得非常重要。在教学过程中，我坚持尝试问题教学法，合理创设问题情境，深受学生欢迎，收到了较好的教学效果。

创设问题情境是指以直观方式将教材内容转化为问题情境，激发学生的兴趣，引导学生积极质疑。它决定着整个教学过程的质量和效果。学习总是与一定的社会文化背景即"情境"相联系的，在实际情境下或通过多媒体创设的接近实际的情境下进行学习，可以利用生动、直观的形象有效地激发联想，唤醒长期记忆中有关的知识、经验或表象，从而使学生能利用自己原有认知结构中的有关知识与经验去同化当前学习到的新知识，赋予新知识以某种意义。如果原有知识与经验不能同化新知识，则要引起顺应过程，即对原有认知结构进行改造与重组。

二、问题情境的主要类型

经过教学实践，我认为常见的问题情境有以下几种类型。

1. 障碍型问题情境

就是在学生原有知识储备和知识经验的基础上，有意识地让学生陷入新的困境，以形成新的认知冲突，从而唤起学生对新知识的渴望和探求的一种问题情境。

例如在学习"商品的概念"时，为了制造知识上的冲突和障碍，我一上课就向同学们提出了一组问题："我们教室里正在使用的电视机是商品吗？""农民自产自销（销售）的大米和自产自消（消费）的白菜都是商品吗？""父母亲作为生日礼物送给你的手机是商品吗？""还在工厂生产流水线上组装的汽车是商品吗？"疑问一出，立即引起了学生的极大兴趣，他们迫不及待地查看教材，试图从中寻找理论依据，并展开了激烈争论。在学生们争论得面红耳赤、有了急于解决问题的愿望时，教师给予点拨"要判断一种劳动产品是不是商品，关键看什么呢""用于交换只是指交换正在进行过程中吗"，从而把思考引向深入。最后师生共同归纳出结论：判断一种劳动产品是否商品，关键看它是否用于交换，"用于交换"是指"以交换为目的"，通常有三种情况，即交换进行之前、交换进行中和交换完成之后。在前两种情况下的劳动产品都是商品，而第三种情况则要具体分析，要分析商品是否退出了流通领域。这样，通过暂时的情境冲突，学生突破了知识上的障碍，并在此基础上可以准确地对身边熟悉的物品进行判断，做到举一反三，融会贯通。

2. 发现型问题情境

就是通过呈现一定的背景材料，引出新的学科问题，通过引导学生发现问题的特征或内在规律，产生新的学科概念的一种问题情境。这要求学生能够自己发现问题、提出问题，而不是教师向学生提供现成的问题。

例如学习《企业经营者的素质》时，在阅读教材的过程中，就有学生提出："教材讲的都是作为国有企业的经营者应具备较高的思想政治素质，那是不是说，其他类型的企业经营者，就不需要具备较高的思想政治素质呢？"这样的问题教师不要急于做出回答，可以留给全体学生，给予学生讨论、探究和交流的时间和空间来培养学生思维的独创性和深刻性。

3. 解决型问题情境

就是直接呈现出某个新的学科问题或设置社会现实问题有目的地制造疑问的"徘徊路口"，以激发学生的求知欲望，教师则围绕如何解决这一问题去组织学生展开学习、探求知识、寻找解决问题办法的一种问题情境。解决型问题情境的特点是：理论联系实际，达到学以致用。

例如在学习《消费及其类型》时，我组织了一次"今天我当家"的模拟操作，将全班同学分成家庭收入2000元和5000元的两组，让同学们结合实际安排各自"家庭"消费的具体支出，并在课堂上展示。在此过程中，我不断创设新的问题情境，如家庭成员面临下岗，CPI指数持续上涨等。在不同家庭消费支出的明显差异中，同学们明白了影响消费水平的主要因素是居民收入和物价水平，并且能够按照不同标准将各自具体的消费内容进行分类。通过这样的模拟活动，既提高了学生的综合应用能力，又大大激发了学生的学习兴趣。在创设解决型问题情境时，教师应注意引导学生运用所学知识全面地、辩证地分析和解决问题，从而培养学生对知识的迁移能力。

三、创设问题情境应遵循的基本原则

我认为在创设问题情境时，要实现激发学生学习兴趣、提高课堂效率、实现有效课堂教学的目的，必须注意遵循下列基本原则。

1. 内容创设的生活性

教育学和心理学研究表明，当学习的材料与学生已有知识和生活经验相联系时学生对学习才会有兴趣。因此，创设良好的问题情境要从学生所熟悉的现实生活情境和已有的生活经验出发，创设出具有较强生活性的问题。创设问题情境，实际上是提出要解决的问题，制造思考、解决问题的矛盾冲突。《经济生活》与学生生活比较贴近，教师可以选取现实中的某个经济现象或经济活动作为一个问题情境，因为它就是我们的实际生活，学生感兴趣，也会觉得这样的讨论富有针对性和实用性，这样会更主动地参与问题的思考和解决，从而收到良好的教学效果。

例如，在学习《价格变动的影响》时，我首先创设2008年夏季广州天河城百货促销活动吸引大量人气的文字和图片资料，同时结合广州人祭祖爱用烤乳猪的风俗习惯，告诉学生清明节前夕因原材料猪肉价格上涨引发的祭祖乳猪平均价格猛涨至438元/只，从而导致销量骤降的问题情境。由于材料贴近生活，同学们很容易在价格变化的正反对比中认识需求法则，即商品本身价格的变动与人们对该商品的需求量之间呈反方向变化。

2. 分析过程的探究性

在高中思想政治课问题教学法的运用过程中，以其创设的情境分析过程来看，可以将整个课堂教学过程分成问题情境呈现和学生自主探究两个阶段。

（1）问题情境呈现。

将与学生生活密切相关的某一社会现象通过一定的手段和形式呈现给学生，意在创设一种问题情境，使学生得到感官刺激，情感被激发，自然而然地融入情境中而产生解决某种现象、问题的欲望。在此基础上，通过教师的启发和引导，使学生产生各种相关的问题，并确定一个核心问题作为主要的分析思考方向。陶行知说："发明千千万万，起点是一问。"在教学过程中，教师精心设计课堂提问，创设问题情境，是激发学生积极思考、独立探索、自行发现、掌握知识、培养能力的重要手段，也是师生沟通的主要渠道。高中思想政治课教学内容中可用问题来创设情境的契机很多。

如学习《信用工具和外汇》时，针对学生认识上存在的误解，我先后出示了学校饭堂的IC卡、羊城通、中国工商银行的牡丹储蓄卡和中国建设银行的VISA贷记龙卡，设问："它们都是信用卡吗？"学生们纷纷抢着回答，但是由于缺乏知识依据而存在明显分歧，于是自然引导大家回归教材关注信用卡的定义，同学们明白了信用卡存在着广义和狭义之分。在此基础上，我进一步设问："个人用户申领信用卡是不是无条件的呢？"引导学生在掌握理论知识的同时明确诚实守信的重要性，实现道德水平的提升。这样通过情境呈现，开拓了学生的思路，解决了学生对现实问题的一些困惑，培养了学生理论联系实际的思维习惯，深受学生的欢迎。

（2）学生自主探究。

在这一阶段以学生的个体思考和学生间的互动为主要学习方式，引导学生运用所学知识，通过独立思考、查阅资料、相互讨论、交流评价等系列学习活动解决共同确定的主要问题，让学生在分析和讨论的过程中去理解问题是怎样形成的、概念是如何界定的、结论是怎样得出的、方法是如何应用的、问题是怎样解决的，使学生真正体验知识的建构过程。

例如，在学习《树立正确的消费观》时，针对目前部分学生中存在的对国家政策不太理解，缺乏科学的消费知识等现象以及教材要求，我设置如下问题：贷款消费与适度消费矛盾吗？既然坚持勤俭节约、艰苦奋斗，为什么还要鼓励贷款消费？如果让你当家，你会如何安排家庭消费？问题提出后，同学们置身于思考探究的气氛之中，我引导学生对各种答案进行评议、讨论，形成自己的看法，最后指导总结，明确经济生活相关道理以及国家的方针政策。在这个过程中根据学生的学习实际和需要，鼓励学生思考、探究，点燃思维的火花，从而把学习的主动权交给学生，实现真正意义上的自主探究学习。这样可以鼓励学生开动脑筋，培养学生的发现、创造、表达、交流的意识和能力，使学生的学习过程变成探索、思维的创新过程，从而提高学生提问、分析和解决问题的能力。

（3）教学环境的开放性。

教学的开放性原则是新课程改革的一个基本方向，也是创设问题情境的必备要素，它直接关系到问题教学法流程的顺利进行和课堂交流合作的充分开展。

在进行高中思想政治课问题教学时，作为教师，最重要的是教学观念的开放性。因为不同的学生有不同的思维方式、兴趣爱好以及发展潜能，教师应关注学生个性差异，允许学生思维方式的多样化和思维水平的多层次。所以要为学生创设一个有利于学生群体进行交流或探索的环境，引发学生积极进取和自由探索，通过学生之间或师生之间的交流与合作，使学生真正理解、掌握知识和思想方法，获得广泛的活动经验。否则，问题教学就会成为教师的"一言堂"，教师一个人的思维代替了众多学生的思考，学生则成为教学活动的旁观者。

（4）情境创设的有效性。

我听过一节《影响价格的因素》的公开课，授课教师独具匠心，在投影屏幕上打出白菜、茄子等新鲜蔬菜的照片，然后设问：影响蔬菜价格的因素有哪些？在哪些情况下价格会昂贵，哪些情况下价格会便宜？为什么？组织小组讨论后，教师继续追问：在影响蔬菜价格的诸多因素背后隐藏的主要因素是什么？可以说，这节课是经过教师精心准备的，但是实际的课堂气氛并不活跃，学生的思考和回答漫不经心，甚至游离于教学设计的轨道之外，教师的情绪也很受影响，教学过程显得青涩而缺乏生机。课后，我听见学生议论："我们哪买过菜啊！"这一席看似无心的话语给我留下很深刻的印象。在教学实践中，教师往往以成年人的思维去观察学生们的内心世界，自认为贴近了学生，但贴近的是成年人的生活。事实上，成年人认可的，学生也许很陌生，学生熟悉的，成年人则未必了解。如果学生的认知体验都是在教师设计的教学思路牵引下进行的，大部分时间处于被动接受的从属地位，会使学生对教师产生依赖心理，大大削弱了学生体验过程中的主动性和参与性。

后来，我和同事们谈起这堂课，大家都觉得问题出在创设情境的不成功，关键是在于情境仅仅停留在场景的层面上，其内在结构与教学思考的单薄使之丧失了情境应有的特质，自然无法达到预期的效果。可见，情境是教师在教学和教育过程中人为创设的"有情之境"，情境创设的有效性并不是取决于场景是否具有丰富的现实意义与外在形式，而是取决于能否有效吸引特定年龄阶段、特定认知水平的学生参与到问题的探究和思考中来。

　　总之，在高中思想政治课教学中创设问题情境，激发、运用学生的情感因素，调动他们的学习积极性，需要政治教师具备良好的教学机制，善于发现和充分利用各种创设问题情境的积极因素，让学生体验到"自然感"和"轻松感"，使他们求知的好奇心得到满足，求异的好胜心得到鼓励，创造力得到发展，真正构建有效课堂。

参考文献

[1] 张大均.教与学的策略［M］.北京：人民教育出版社，2003.

[2] 思想政治课程标准研制组.普通高中思想政治课程标准（实验）［S］.北京：人民教育出版社，2004.

[3] 朴香兰.如何在思想政治课教学中培养学生的问题意识［J］.延边教育学院学报，2006（12）.

[4] 蒋坤.浅论在思想政治课教学中如何培养学生的问题意识［J］.教学月刊，2006（9）.

[5] 李兆平.思想政治课问题教学模式的建构与实践［J］.政治课教学，2002（2）.

[6] 季湘辰，曾红霞.高中思想政治课问题式教学模式的探索［J］.思想政治课教学，2003（9）.

注：本文获得2009年广州市中学思想政治高中教师论文评比二等奖。

工欲善其事，必先利其器

"工欲善其事，必先利其器。"其实这并非只是对工匠的要求，教学亦是如此。如今，课堂教学改革是大势所趋，"利其器"显得日益重要。事实上，无论怎样进行教学改革，不管是"杜郎口旋风"，还是"洋思模式"，抑或"东庐做法"，课堂教学的知识内容总是相对稳定。有人说，只要教育行政部门不对现行教材进行重新修订，老师们其实可以"以不变应万变"，实践中需要的只是针对学生的变化进行微调。显然，如此招式很难真正实现高效。因此，需要"利其器"。如何实现有效教学是当今课堂教学改革的主要目标，如何使40分钟焕发出最大的课堂教学效益是第一位的。《前置学案》和《讲学稿》便诞生在此背景之下，是众多"利器"中的精品。现依托近两年的尝试与摸索，结合教学实践，浅谈我的几点体会。

一、《前置学案》的特点与使用

1. 从教学的侧重点看

以学生的"学"为主，教学目标、过程、方法以及资源的使用都以"学"为主要依据。如《文化生活》第一框《体味文化》能力提升，我设计如下。

（1）邮票上的中国民居。

A   B   C

D   E   F

① 请将英文字母A—F填入相应的括号内。

北京民居（   ）   东北民居（   ）   陕北民居（   ）

西藏民居（   ）   安徽民居（   ）   内蒙古民居（   ）

② 风格各异的民居建筑属于文化现象吗？运用本课知识，谈谈你对这一现象的理解。

（2）依据本课知识，你认为下列哪些不属于文化现象？并简要说明理由。

① 蒙古族民歌《吉祥三宝》。

② 地震之前自然界出现的"兔子竖耳蹦又撞，鸽子惊飞不回巢"。

③ 考古学者对安阳殷墟出土的甲骨文残片进行研究和保护。

④ "人生在世，吃穿二字"的人生观。

⑤ 宇宙天体的自转和公转现象。

⑥ 天文学。

⑦ 2007年，广东开平碉楼入选世界文化遗产。

⑧ 袁隆平与助手经长期实践使杂交水稻技术成熟。

⑨ 由美国次贷危机引发的全球性金融危机。

⑩ 中国共产党确立领导和执政地位。

（3）判断。

① 文化就是音乐、戏剧、文学、电影、科学等人类精神产品。　（　　）

② 文化是由人所创造的、为人所特有的。　（　　）

③ 先有文化，后有人类社会。　（　　）

④ 人类的精神活动离不开物质活动，精神产品需要以物质作为载体。（　　）

（4）辨析：个人的文化素养是与生俱来的，它是个人成长不可缺少的物质力量。

通过上述环节，学生通过课前的自主学习，利用自身的知识储备和相关资源，对于"文化的含义""文化与生活的关系"等重要问题基本都可以完成，课堂上教师只需要针对性地讲解存在的疑惑即可，极大地提升了课堂效益。

2. 从教学流程上看

《前置学案》体现预见性，即要求学生完成的任务是"预习"环节，故称"前置"。顾名思义，不能给学生增加太多的预习任务，也不能把课堂上需要师生共同探讨、解决的问题放进预习环节，更不能将需要课后完成的知识结构、巩固练习等添加进来，不然会增加学生不必要的负担，时间一长就会让学生失去预习的兴趣，降低完成《前置学案》的质量和效果。

3. 从教学实施情况看

为了使《前置学案》真正落到实处，在教学实施过程中，我是结合小组合作学习进行的。因此，在学案的设计上也充分体现分工与协作的结合。这需要首先将全班同学按照"组间同质""组内异质"的基本原则，划分为4~6人的学习小组，并设有小组长和其他分工。同时，辅以小组合作学习的评价和激励方案。如对于《文化生活》第一课《文化与社会》第一框《体味文化》，我设计如下。

学习目标与要求：

（1）对学习任务进行分组。

第一目：文化万花筒（1～3组）。

第二目：文化是什么（4～6组）。

第三目：文化的力量（7～9组）。

（2）各学习小组组长负责组织本组成员完成下列预习工作，可以进行必要的分工、合作。

① 以学习小组为单位，课前厘清教材各条目的主要知识，建立本子目的知识结构；在课堂组内交流基础上（5分钟）确定小组代表进行小组展示、讲解。最好能够列举典型事例或材料印证教材观点。

② 分析本目中的"综合探究"问题。

从课堂实效看，学生课前明确各自小组的预习任务，分工协作，并推选出中心发言人在课堂上分析讲解本组的预习任务，其他成员可以及时补充，并且负责解释其他小组提出的疑问，同学们对于问题的探究不是单一依靠教师的"给予"，而是依托生生互动、质疑，充分发掘自身的学习资源，效果较好。

二、《讲学稿》的特点与使用

我认为，《讲学稿》应该是对前置学案的改进和完善。从教学有效性角度认识，《讲学稿》更具指导意义和可操作性。其主要特点是：

1. 从课堂活动的主体上看，要求"讲"与"学"相结合

与侧重"学"的前置学案不同，一份讲学稿，既要尊重学生主体的"学"，也要反映教师主导的"讲"，既能给予学生明确的学习目标和学习任务，又要学生清晰地了解教师的基本教学流程，进而明白课堂教学活动的设计意图，从而有效地指导学习活动。

2. 从教学流程上看，应体现完整性

一份讲学稿应该包括学习目标、学习重难点、学习安排、学法指导、学习过程和总结升华。在实际教学过程中，我认为《讲学稿》最主要的"学习过程"包括三个环节。

第一，"预习·导学"。这一环节的设计主要有两个部分。

（1）阅读教材，写出疑惑。

我要求学生在预习时务必提出问题，可以是对课本知识点的不解，也可以是自己触类旁通的疑问。如《生活与哲学》第九课第一框题《矛盾是事物发展的源泉和动力》，学生提出以下困惑：

①"矛盾是反映事物内部对立统一关系的哲学范畴"，是否意味着矛盾只存在事物内部？事物外部没有矛盾？

②矛盾的双方相互转化需要条件吗？

③生活中的"矛盾"和哲学上的"矛盾"一样吗？有何区别？

（2）联系实际并思考。

主要是以生活实例或者现实热点为载体，呈现1~2个问题，导入课堂主干知识。或者提供具体现象，让学生或归类、或比较，从而形成对课本重点知识的感性认识，为后续学习做铺垫。如《生活与哲学》第七课第一框题《世界是普遍联系的》，设计如下：

2010年1月30日，一年一度的铁路春运拉开帷幕，为让更多的人能够顺利回家过年，铁路部门首推购票实名制，并将电话订票和窗口订票时间错开，同时还采取相关措施，如武广高铁的顺利开通、增开直达临时客车等。但是，"一票难求"的现象仍然存在。

你认为，"一票难求"现象仍然存在的主要原因有哪些？这说明哪些主体之间存在着联系？

本课的主干知识就是唯物辩证法的联系观，如果没有铺垫，直接进入联系哲学含义的学习，学生感觉很突兀，而且理解起来比较抽象，而通过设置现实生活的热点让学生明白"一票难求"现象是多种因素综合作用的结果，民工流、探亲流、学生流与列车运输部门、有关管理部门、其他运输部门等相互影响、相互制约，从而能够清晰感知到世界是一个普遍联系的整体，这也是符合高中生认知规律的。

第二，"学习·探讨"。主要包括"背景材料探究""知识表格整理"和"课堂巩固训练"。

1. 背景材料探究

如《唯物辩证法的联系观》第一框题《世界是普遍联系的》，我提供了"武广高铁"的相关材料。

2009年12月26日，武广高铁正式开通，汉穗两地的通车时间由10个多小时缩短为3小时，过去人们期待的"广州喝早茶、武汉吃中餐"的愿望变为现实，高铁的通车使湖北、湖南、广东三省建立了新的具体联系。可见，联系是人们主观创造的。

探究思考：谈谈你对上述认识的理解。

将探究问题以辨析的方式呈现给学生，让学生在思辨的过程中深刻领悟联系的客观性，能够依据与人类实践活动的不同关系，区分联系的两种情形，并明白"联系是客观的"与"人们可以建立新的具体联系"并非矛盾，而是同一个问题的两个方面。

2. 知识表格整理

《生活与哲学》哲学道理多而且抽象，但是从高考考查的要求看，能够系统掌握哲学道理是基本前提。所以，设计知识表格，要求学生从世界观和方法论两个方面实现有机统一是很有必要的。如《生活与哲学》第七课第一框题《世界是普遍联系的》（见表1）。

表1

哲学道理	世界观	方法论
联系的普遍性	世界上一切事物都与周围其他事物有着这样或那样的联系，整个世界就是一个相互联系的统一整体，不存在孤立的事物	要用联系的观点看问题，既要看到事物之间的联系，又要看到事物内部诸要素之间的联系
联系的客观性	联系是事物本身所固有的，不以人的意志为转移。自在事物的联系在人类产生以前就存在了，人为事物的联系通过实践活动才能形成，形成后独立于人的意识之外	1.要从事物固有的联系中把握事物，切忌主观随意性

续 表

哲学道理	世界观	方法论
联系的客观性		2.联系是客观的，并不意味着人对事物的联系无能为力，人们可以根据事物固有的联系，改变事物的状态，调整原有的联系，建立新的联系
联系的多样性	事物的联系是多种多样的。有直接联系和间接联系、外部联系和内部联系、本质联系和非本质联系、必然联系和偶然联系、原因联系和结果联系、整体联系和部分联系等	1.注意分析和把握事物存在和发展的各种条件； 2.一切以时间、地点和条件为转移

3. 课堂巩固练习

在掌握主干知识的基础上，趁热打铁，适时练习，有助于学生对知识的理解和深化。这部分练习题以落实基础知识、巩固基本能力为主要目标，不用"上难度""求新奇"。

第三，"拓展·提升"。这部分要求学生在课后完成，能力要求较高。主要包括"建构知识体系""真题演练"和"反思升华"，根据实际需要有时也会给学生提供一些课外探究材料。如《生活与哲学》第九课第二框题《用对立统一的观点看问题》的知识结构整理（图1）。

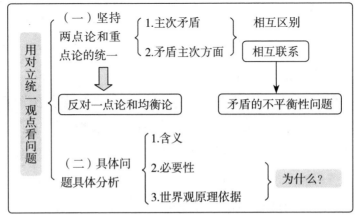

图1

"真题演练"主要是近年的高考模拟题和真题，考查学生的理解、运用等能力。"反思升华"主要是希望学生能够记录学习的收获或提出新的疑问，在长期的积累和总结中，不断提高认知水平和增强综合素质。

三、《前置学案》《讲学稿》与有效教学

从《前置学案》到《讲学稿》实行过程中，课堂效益明显提高，主要表现如下。

1. 有利于学生转变学习观念，真正置自己于主体地位

课堂授课模式由过去教师讲解为主，转化为学生回答探究问题、互评，教师适当点拨讲解知识重点和难点，如果没有充分的课前预习作为保证，上述环节将无法积极参与，学生只能成为一名游离于课堂活动的"看客"，课堂效率将非常低下，这当然是绝大多数学生所不愿面临的境地。因此，《前置学案》《讲学稿》的实施促使学生转变观念，积极调整角色，适应自身的主体地位。

2. 有利于学生养成良好学习习惯，使学习常规自觉化、规范化

"行百里者半九十"，学贵有恒是一名优秀学生必备的品质。通常情况下，学生因为缺乏良好的习惯和持之以恒的意志，望困难而却步，失去了进一步提升的机会。实施《讲学稿》后，学生主动学习的意识明显增强，并且能将过去认为"可有可无"的预习环节作为学习过程中的重要前提，高度重视关注时事热点、辩证分析、小组合作、建构知识体系等学习要素，学习变得自觉化、规范化。

3. 有利于促进课堂效益的提高

从教师角度看，《前置学案》《讲学稿》的教学内容和教学资源都应讲求精选、精讲、精练，不再是以往的面面俱到，这将极大提升课堂效益。从学生角度看，因为课堂流程层层递进、环环相扣，如果对于课堂40分钟不能全程关注，就可能出现遗漏重点、前后脱节的情况，这促使学生高度关注课堂。不仅关注教师的讲解，而且关注同学的评价；不仅关注现成的答案，而且关注分析的过程。

4. 有利于激发学生学习兴趣，增进融洽的师生关系

《前置学案》《讲学稿》唤起了学生学习的主体意识，学生在感受主体地位受到尊重的前提下，学习积极性和兴趣不断提升。课堂上，同学们相互点评，闪烁着智慧的火花；课后，同学们为了一个疑难问题，争论得热火朝天。在师生合作探究中，学生敢于提问、善于质疑，课堂气氛融洽。在学校组织的最佳效益课堂的评选中，我所任教班级的政治课堂也有幸连续数周当选最佳效益课堂。

四、需要注意的几个问题

1. 课堂内容处理上务必详略得当、合理取舍

由于学生在课前已经做了较为充分地预习，对于课堂探讨环节，并不需要面面俱到，有时在《讲学稿》中设置的多个探究活动，我会根据学生的实际情况和需求进行灵活地处理，既节约了时间，又体现了教学的针对性。

2. 充分发挥多媒体技术的功能，将文字资料和PPT课件有效结合

最开始进行《讲学稿》的教学时，我和学生一样，只是手头持有一份文字版的《讲学稿》，所不同的只是教师的这份有详细的分析和相关答案。每当涉及一个探究问题时，我会先提问，在学生互评或者教师点评后，将参考答案提供给学生，由于只能口头表述，学生听着费劲，有时一个答案要重复好几遍，既麻烦又低效。特别是一些带有拓展性的材料，答案并非全部来自书本，还需要补充说明，这需要一个更直观的课堂呈现方式。于是，在几堂课之后，我及时作出调整，将《讲学稿》上的重要问题，特别是课堂上师生共同探讨的问题做成PPT，并将问题和答案分开，按照课堂授课的顺序先后呈现给学生，给学生提供一个思考的余地和空间。

3. 练习设置应精挑细选、难易适度

一般说来，选题时要体现科学性、时效性、权威性。科学性即合理体现知识和能力要求；时效性即多以热点、焦点材料为题设背景的呈现方式；权威性即普遍认可，基本没有争议或争议很小。我在设计《讲学稿》的练习时，分为两部分。一为课堂巩固练习，题目基本为原创试题，主要考查学生对基础知识的再认和再现，以选择题的方式呈现，放在"课堂·探讨"部分。二为真题演练，题目借鉴为主，多是近3年的高考原题或模拟试题中的精品，主要考查学生对知识的理解和运用、分析能力，既有选择题，也有非选择题。

4. 课堂容量上，教师讲解和学生分析的比重问题

我觉得这是最难处理的。理想的课堂模式应该是，由学生分析《讲学稿》上的问题，并且充分体现师生互动、生生互动。但是，我经常碰到"两难"的情况。如果只考虑优生的情况，教师点评并给出答案，课堂流程会很顺利推进；而如果学生分析比重多，特别是要照顾不同层次学生的情况，体现普适性的时候，通常会影响教学进度。

5. 从不同的课型特点出发，体现针对性

目前引起学校和教师重视的主要是新授课的《讲学稿》设计。但是，新授课只是实际教学的常见课型之一，练习课、讲评课、复习课等，应如何设计出侧重点不同的《讲学稿》，仍是未给予充分重视的盲区。事实上，新授课应注重新知识的理解和基本能力的落实；练习课、讲评课应注重学习方法的指导和易错、易混知识的区分；复习课则应注重知识整体结构的体系构建和相关能力的提升、拓展。

总之，困难总是与解决困难的办法相伴而生的，而且"办法总比困难多"。新课程改革要求教师"利其器"，实现教学方式的升级换代，《前置学案》也好，《讲学稿》也罢，教师都应以学习者的身份参与学生质疑、讨论和思辨，尽量将思维的空间留给学生，把活动的权利交给学生，使学生在做学习的"主人翁"意识支配下，自主探究，集思广益，从而以更大的热情去探究未知世界，去寻找适合的答案。唯有如此，才会促进学生逐渐养成良好的学习习惯，为其终身学习奠定基础。

参考文献

[1] 思想政治课程标准研制组. 普通高中思想政治课程标准（实验）[S]. 北京：人民教育出版社，2004.

[2] 周峰，郑向荣. 优质学校形成规律探索——从洋思到东庐[M]. 江苏：江苏人民出版社，2009.

[3] 周彬. 课堂密码[M]. 上海：华东师范大学出版社，2009.

注：本文获得2012年广东省思想政治优秀论文展示交流活动三等奖。

思想政治课学生语言表达能力
培养实践初探

一、思想政治课应以培养学生语言表达能力为己任

现代社会，由于经济的迅猛发展，人际交往日益频繁，良好的语言表达能力越来越重要，被认为是现代人应具有的能力。哈佛大学教授霍华德·加德纳提出的多元智能理论，指出人的智力结构至少由八种智力要素组成，其中"言语—语言智力"排在首位。因此，当今社会需要的人才已不再是"讷于言"的君子，而必须是既"敏于行"，又"善于言"的全面发展的人才，语言表达能力的重要性日益凸显。然而，语言能力并不是与生俱来的，主要依赖后天的语言训练和语言交流中得到强化和提升。

依据《普通高中思想政治课程标准》，高中思想政治课进行马克思列宁主义、毛泽东思想、邓小平理论和"三个代表"重要思想的基本观点教育，以社会主义物质文明、政治文明、精神文明建设常识为基本内容，引导学生紧密结合与自己息息相关的经济、政治、文化生活，经历探究学习和社会实践的过程，领悟辩证唯物主义和历史唯物主义的基本观点和方法，切实提高参与现代社会生活的能力，逐步树立建设中国特色社会主义的共同理想，初步形成正确的世界观、人生观、价值观，为终身发展奠定思想政治素质基础。语言表达能力是参与现代社会生活的基本能力。可见，思想政治课不仅

要培养学生的政治理论素养和道德品质，还肩负着培养学生语言表达能力的重任。这主要基于以下几点原因。

1. 思想政治课程标准的内在要求

《普通高中思想政治课程标准》明确指出："本课程要引领学生在认识社会、适应社会、融入社会的实践活动中，感受经济、政治、文化各个领域应用知识的价值和理性思考的意义；关注学生的情感、态度和行为表现，倡导开放互动的教学方式与合作探究的学习方式；使学生在充满教学民主的过程中，提高主动学习和发展的能力。"可见，提高包含学生语言表达能力在内的各项综合能力，体现课堂实施的实践性和开放性，是思想政治课程的内在要求。

2. 符合高考考试大纲的客观要求

依据《广东省2013年高考文科综合考试大纲（政治）》，从考试内容上看，政治学科考试应在使考生体现出应有的正确的情感、态度、价值观的同时，注重考查考生对所学相关课程基础知识、基本技能的掌握程度和综合运用所学知识分析、解决问题的能力。具体到"考核目标与要求"，主要就是四大核心能力，即获取和解读信息、调动和运用知识、描述和阐释事物、论证和探究问题。后两者是四个能力中的最高层次，其中"描述和阐释事物"重点考查学生：能够用简洁的语言描述经济、政治、文化、哲学等学科所涉及的基本概念和基本观点；能够利用历史的、辩证的观点和方法，分析、比较和理解有关政治、经济、文化等现象，认识事物的本质；综合阐述或评论有关理论问题和现实问题。"论证和探究问题"则重点考查学生：根据有关信息，调动和运用相关知识和技能，发现或者提出体现科学精神和创新意识的问题；综合使用题目提供的信息、课堂学习或自主学习获得的知识、方法，提出比较必要的论据，论证和探究问题，得出合理的结论；能用顺畅的语言、清晰的层次、正确的逻辑关系，表达出论证、探究的过程和结果。可见，要使学生具备高考考试大纲的能力要求，准确地"描述和阐释事物""论证和探究问题"，离不开语言表达能力的培养。

3. 解决课堂学生语言表达不足的客观需要

在思想政治课的教学中，学生语言表达能力和水平参差不齐，主要存在以下问题。

第一，语言表达不主动，即学生主动进行语言表达的积极性不够。

从教学实践中，我通过自己的课堂和观摩听课发现，不同年级的学生课堂语言表达的热情存在非常明显的差异，一般来说积极程度和年级的高低成反比。小学的课堂上老师提问之后，学生的小手争先恐后犹如雨后春笋。到了初中，主动举手表达的学生仍然存在，但已是"竹外桃花三两枝"。到了高中阶段，主动举手表达的学生更是"凤毛麟角"。要培养学生的语言表达能力，首先就得从提高积极性开始。

第二，语言表达不准确，即部分学生的表达不准确、回答问题存在泛化，甚至天马行空、不着边际，这显然与课程标准、考试大纲的能力要求相去甚远。

第三，语言表达不独立，即有的学生习惯于机械照搬书本或者辅导资料上的现成观点，缺少独立的思想和自己的见地。一方面说明学生缺乏独立的思维习惯；另一方面，也和课堂上教师封闭式的问题导向有着直接关系。

为了解决上述问题，在思想政治课堂培养语言表达能力显得十分迫切和必要。

二、思想政治课学生语言表达能力培养的实践尝试

叶圣陶先生说："接受和发表，表现在口头是听和说，表现在书面是读和写。在接受方面，听和读同样重要；在发表方面，说和写同样重要。"思想政治课的课程特点决定了培养学生语言表达能力的教学活动可以是形式多样的。练习的过程既是多种感觉器官综合活动的过程，也是实现将知识和能力内化的重要途径，更是检验知识和能力最终落实情况的最重要载体。因而可以运用多种形式激活他们的已有认知，掌握新的信息。因此，高中思想政治课可采用多种方式展开对学生语言表达能力的培养，包括课堂提问、案例教学、讨论法、写小论文和综合实践活动等。

1. 坚持课前新闻播报

近年来，我都会在课堂正式授课前3分钟，组织时事播报活动，即每节课安排两名学生事先准备国内外重大时事新闻，在课堂上展示分享，分享包括两个部分，第一是简要说明具体的某一新闻事件；第二是点评，要求学生运用所学的思想政治课知识对新闻事件进行分析和评价，鼓励学生运用自己的观点表述。刚开始的时候，学生比较胆小、羞涩，但是随着活动的逐渐深入，多数学生时事播报流利、清晰，而且能综合运用经济、政治、文化和哲学的知识多角度分析同一现象，个别学生还能有自己比较独到的见解，效果良好。

2. 课堂充分讨论与展示

在高中思想政治课教学中运用讨论法，主要是针对学生思想认识的难点和理论联系实际的热点问题在学生中展开讨论。依据问题，学生各有所谈，各有所识，相互启发，共同寻找答案，领会知识本身的意义，学会解决现实生活中的问题。在教学中运用讨论法，人人都参与讨论，学生面对面交流的机会增多了，学生锻炼语言表达能力的机会也增加了。与初中生相比，高中生对情感的自我调控能力不断增强，他人的看法等客观因素往往对学生的学习动机产生较大的影响。他们因为怕说错了被人取笑，或担心别人议论"好出风头""爱显示自己"等而轻易不开口，即使"说"也顾虑重重。在高中思想政治课堂运用讨论法，对于部分平时不敢主动和老师交流的学生来说，就增加了发言机会，并且也顺畅了生生互动。同时，讨论也能拓宽学生思路，并及时汲取其他学生的经验和教训。学生参与讨论，必须先熟悉教材，搜集材料，在讨论中才能有理有据，增强说服力，并且要注意倾听反方观点，以便展开辩论，这实际是一个运用知识发展思维的过程，也是为语言表达作铺垫的过程。

如《生活与哲学》：整体与部分关系，掌握系统优化的方法时，木桶与木板的对话可以让学生讨论，在"木桶"与"木板"的争功中整体与部分的关系一目了然。再如，在讲解人民群众是历史的创造者时，关于"英雄造时势"还是"时势造英雄"，学生充分展开讨论，在思维的碰撞中，"人民创造了物质财富、精神财富和人民群众是社会变革的决定力量"会得到学生的自觉认可。这比教师直接运用讲授法效果好得多，同时，学生的积极参与也可以使语言表达能力有进一步的提高。

3. 改革练习讲评课

传统的练习或者试卷讲评课，一般是按照"教师公布答案——学生改正答案——教师讲解答案"的顺序进行，基本是由教师唱主角，学生被动学习，应有的主体角色没有得到充分体现，学生的语言表达能力也无法得到充分锻炼。我对练习和试卷讲评课做了以下尝试。

首先，不是由教师公布答案，而是让全对的或者正确率高的学生公布正确答案；接下来，由学习小组进行合作交流，分析错题，在分析的过程中回归书本或者通过他人帮助等渠道弄清楚题目失分的主要原因；然后，由各学习小组派代表讲解正确率较低或者存在典型错误的题目；最后，仍然有学生无法解决的题目，由教师适当点评。在这个过程中，始终坚持强调学生的主体作用，坚持"学生能讲解的教师坚决不讲"，教师可以退到幕后。但教师并非完全无所作为，而是做到"学生无法解决的教师坚决要讲透""教师该出手时才出手"。这样，从公布答案、改正答案和讲解答案，学生都能够有较为充分的表达机会，语言表达能力可以得到较好地锻炼和培养。

4. 突出案例教学法

案例教学法即在教师的指导下，根据教学目标和内容的需要，采用案例组织学生进行学习、研究、锻炼能力的方法。通过案例教学，学生不仅可以从中获得知识，而且有助于提高其表达、讨论能力。案例教学法体现了素质教育的宗旨，它实质是属于研究性学习，能变被动为主动，变注入式为启发式，将之引入理论性较强的高中思想政治课，作为培养学生语言表达能力的方法很适用。

如我在讲解"依法纳税"时，选用电影《甲方乙方》纳税的正面案例和厦门远华特大走私案的反面案例。这种学生较感兴趣的案例，会变厌学为愿学，变被动为主动，激发了他们积极主动表达自己观点的热情，为语言表达能力的培养创造了条件。当然，案例教学法在思想政治课教学中虽然具有不可替代的作用，但并不意味着事例运用得越多越好，应围绕所授知识点精选事例，做到有的放矢，所引事例与知识点应有机结合。同时，要对学生进行引导，帮助他们寻找解决问题的方法，并对学生的表现多加肯定和鼓励。

5. 综合实践活动

思想政治课教师组织学生开展综合实践活动，可以为培养学生口头表达能力营造良好氛围，促进他们语言表达能力的提高。针对高中阶段学生已具有一定的自主能力，教师可以放手让学生以组、班、团等为单位组织课外兴趣小组、社会调查等系列活动。教师要科学指导，精心组织，使学生能从中有所收获。在这些活动中，学生要表达自己的观点，必然事先对语言做一番斟酌、取舍，这就自然而然地从多方面培养了学生口头表达的能力。近年来，我们成立了以"岭南文化建筑""传统民俗节日探究""时政聚焦"等为主题的课外活动小组。同学们积极参与，认真准备，分工明确，有人搜集素材，有人撰写提纲，有人制作课件，有人小结发言。学生自主思考、讲授和总结，促使学生积极动脑，充分调动了学习的主动性，有利于发展其学习的兴趣。综合实践活动的开展，能调动高中学生锻炼口才的积极性，使他们的语言表达能力更适应社会环境，有利于在各学科之间思维的碰撞中提高学生的语言表达能力。同时，活动结束后的报告总结又能培养学生的书面语言表达能力。结合课堂教学过程中的语言表达训练，可以充分推动高中学生的政治思维发展，从而进一步提高高中学生的政治素养。因此，综合实践活动是培养学生语言表达能力的重要方法之一。

总之，对于高中思想政治课教学过程中培养学生语言表达能力问题，教师在提高自身语言表达能力的同时，应给予学生适当的指导，激发学生对语言表达能力学习的兴趣。通过多种途径和方法，在教育教学实践中，将具有思想政治学科特点的语言表达能力培养落到实处，进而促进学生综合能力的全面发展。

三、思想政治课培养学生语言表达能力实践的主要体会

培养学生语言表达能力的方法是多元的，上述只是列举了我一些不成熟的尝试。但是，在坚持培养学生语言表达能力的实践尝试中，我有几点感触比较深刻，总结如下。

1. 教师亲身示范

常言道："榜样的力量是无穷的！"我持有普通话一级乙等资格证书，在大学阶段对于播音、主持也很感兴趣，所以在课堂上，我很重视语言表达的准确性和规范性，每次遇到生僻字的时候一定和同学们一起查字典解决，让学生明确正确的读音。在课堂讲解的时候，尤其是重难点知识的分析和点拨的时候，我很注意语音语调的变化、语气的停顿，让学生不仅明确了关键词、关键句，而且体会到丰富的语言表达方式，从而逐渐提高语言表达能力和水平。

2. 学会耐心等待

新课程理念强调尊重学生的主体地位。在实际的教学中，"学生主体论"也很受关注，但是没有得到充分落实。我在听课观摩时会看到这样的一幕：某位教师点某一名学生回答问题，学生回答不准确或者与教师的预设明显不符的时候，教师会让该生马上坐下，转而请另一名学生，直至回答出与教师课堂预设一致的答案。这样，虽然课堂的进度得到了保证，效率提高了，但是在不经意间却挫伤了部分学生回答问题的积极性，对于有些内向的学生，更是不愿意开口表达了。

所以，要培养学生的语言表达能力，务必要学会等待，当学生羞于回答的时候，除了耐心等待之外，还要适当降低问题的难度，让学生有话可说，从而觉得课堂提问并不可怕，始终保持着语言表达的热情。而当学生回答错误时，最有效的办法就是追问，教师对于学生的答案先不要明确表态，而是追问学生为什么这样思考？有时候，学生在反思的时候往往会发现不足，进行自我纠正。如果学生仍然坚持己见，也不要轻易否定学生，而可以借助群体的力量，采用生生互评的方式。总之，就是要给学生充分的时间和空间去

表达，即使看起来短期内会牺牲课堂教学的进度，但是从长远发展来看，学生的语言表达热情和能力都得到了提高。

3. 注重学科渗透

思想政治作为人文学科，在知识内容交叉上看，与语文、历史等学科密切联系。培养语言表达能力，也离不开相关学科的渗透。思想政治学科在教学的过程中，尤其是《文化生活》《生活与哲学》模块，经常会碰到诗词歌赋、寓言故事等。例如，在学习"文化对人的影响"时，我上课时展示了暑假旅游去岳阳楼拍摄的照片，同时配上范仲淹的《岳阳楼记》的节选段落，并在背景音乐的伴奏中进行有感情的朗诵，让学生感悟到文化对人的影响具有潜移默化的特征。从课堂反馈来看，那节课学生特别认真，课堂效果也很不错。

当然，高中学生语言表达氛围的营造，不仅仅是课堂内的任务，更应该做到课堂内外的有效衔接。只有充分调动学生表达的积极性，规范表达的方式，培养学生的语言表达能力才能真正落到实处。

参考文献

［1］魏玉芝. 新课程背景下政治课培养学生语言能力的探索［J］. 陕西教育（理论），2006（6）.

［2］冯克诚. 霍华德·加德纳与多元智能理论——多元智能理论的原理、结构和教育学意义［M］. 北京：学苑音像出版社，2004.

［3］中华人民共和国教育部. 基础课程改革纲要（试行）［S］. 北京：人民教育出版社，2001.

［4］中华人民共和国教育委员会. 全日制普通高中思想政治新课程标准［S］. 北京：人民教育出版社，2003.

注：本文在2012年花都区中小学教育教学优秀论文评比中荣获政治学科三等奖。

重视和打造高效试卷讲评课

　　试卷讲评课是考试的必要延伸，考后的分析、评价既是前段时间教学工作的总结和反思，更是下一阶段教学工作的参照和指引。所以，试卷讲评课是课堂教学中必不可少的组织形式，如何打造高效的试卷讲评课值得深入探讨和研究。

　　近年来，我观摩学习了很多试卷讲评课，发现有些教师的习惯做法是，首先公布分数和答案，然后按照顺序逐题讲解。这很容易将讲评课变成"订正答案课"，显然与新课程理念相去甚远，忽视了试卷讲评课应有的反馈、指引功能。

　　为了防止上述误区，打造高效的试卷讲评课，教师应高度关注以下要点。

一、未雨绸缪，重视阅卷

　　试卷讲评课要实现高效，必须从阅卷环节入手。阅卷绝不是简单地打"勾"划"叉"，写一个分数，而应在批改的同时，进行详细地分析和总结，从而掌握第一手资料，为后续的试卷讲评课做好准备，做到"胸中有丘壑"。一般说来，通过阅卷应掌握的信息有：

1. 必要的数据统计

　　一是结果统计，包括最高分、最低分、平均分、及格率、优秀率、各分数段人数、难度值及正确率；二是题型统计，按识记、理解、分析、综合、应用、评价等层次统计相应题目的数量、占分比例和得分率；三是考点统计，统计各模块知识在试卷中的数量、分布比例等。数据统计烦琐复杂而又必不可少，它为分析讲评提供了重要依据。对教师，能有的放矢地提高试卷讲评课质量；对学生，可以知晓考试状态，明确奋斗目标。

2. 试题特点以及解题方法

《2011年广东省高考考试说明（政治）》"考核目标与要求"明确指出，要求考生"能够展现出检索和选用自己'知识库'中的有关知识、基本技能的能力""能够运用历史的、辩证的观点和方法，分析、比较和解释有关政治、经济、文化等现象，认识事物的本质"。这要求我们一线政治教师应以提升学生调动和运用知识、描述和阐释事物的能力为己任，试卷讲评不能简单"就题论题"，而应"以小见大"，归纳出同类题型的特点，引导学生掌握科学的解题方法，力争"窥一斑而知全豹"。

二、明确角色，彰显主体

《普通高中思想政治课程标准（实验）》指出："关注学生的情感、态度和行为表现，倡导开放互动的教学方式与合作探究的学习方式。使学生在充满教学民主的过程中，提高主动学习和发展的能力。"因此，试卷评讲课一定要尊重学生的主体地位，培养学生主动学习的意识。

1. 学生自主参与，发现问题

根据考试性质和课时情况，教师一般可采用两种方式。一是通过布置课前导学案，让学生提前分析考试得失分原因，并按照主次程度进行排序。二是视试卷的不同容量，设置不同的时间段，让学生课堂上以学习小组为单位讨论考试的得与失，尽量通过回归教材的方式进行自我纠错。

2. 生生互评为主，辅以师评

选择题部分，在小组合作的基础上，由学生分析失误率高的题目，一般来说，多数题目可以得到较好解决。非选择题部分，教师按照优、中、差分类取样原则，将典型答案扫描印制或者制成PPT投影，由学生分析、点评。遇到大型考试或者有代表意义的典型题目，教师可增设"我的学习我做主"环节，即以小组为单位，对照参考答案，分析得失分主要原因，归纳具有普遍性的问题，并由小组长上讲台板书。由于问题的发现、提出都是学生自主合作、探讨的结果，具有较好的生成性。

3. 教师必要归纳，总结分享

在前两个环节顺利完成的基础上，教师总结也就水到渠成。在一次单元测验的试卷评讲课上，学生代表在黑板上书写的主观题答题的不足是：知识储备不够，表述不规范，甚至有错误；审题不仔细，没有准确找到题目设问的关键词；答题习惯不规范，卷面不清楚，没有分清层次和标序号。鉴于此，教师及时和同学们分享"三字箴言"："熟"（熟悉书本，构建知识体系）、"勤"（动笔读题，勾画关键词）、"美"（规范答题，整洁书写）。

总之，教师要做到"学生已会的不讲""学生能讲的不讲"，让学生多思考、多发言、多讨论，通过创造民主氛围，彰显学生的主体角色，培养学生自主探究与合作学习的精神。针对测试暴露出的不足，要通过课前讨论及课堂合作让学生自己解决，有利于学生增强自信心，充分调动学习热情，实现潜能的最大化。

三、纲举目张，突出重点

由于时间和教学进度的限制，讲评不可能面面俱到，应坚持"讲在关键处""评在易错点"，实现高效。

1. 学生的知识迷惑点

例：（2011年广州一模26）从2010年12月1日开始，我国对境内的外商投资企业、外国企业及外籍个人征收城市维护建设税和教育费附加。至此，我国的内外资企业税制实现了全面统一。这一调整（　　）。

① 符合世贸组织的国民待遇原则

② 表明税收具有固定性的特征

③ 符合世贸组织的最惠国待遇原则

④ 旨在创造公平公正的市场环境

A. ①②③　　　B. ①②④　　　C. ①③④　　　D. ②③④

本题均分1.87分，难度值0.467，学生失分的最主要原因就是不能准确区分"最惠国待遇"和"国民待遇"。因此，通过讲评突破这一知识盲点很有必要。讲评时，首先要求学生回归教材，重温最惠国待遇与国民待遇的不同含义，并进一步引导思考二者的本质差异，即前者强调国与国之间的关系（施惠国与受惠国），后者侧重企业和法人之间的关系（缔约国境内的民事权利主体）。

2. 高频考点

每份试卷都有侧重考查的知识范围、角度，特别是具有一定普适意义的大型调考，命题贴近热点，紧扣考点，具有较好备考指导意义。如2011年广州市二模文综试卷第36题。

材料三：2010年7月，中共广东省委、省政府出台《广东省建设文化强省规划纲要（2011—2020年）》，指出必须坚持开放创新，广泛吸收借鉴国内外先进文化建设经验和优秀文化发展成果，转变文化发展方式，增强文化发展活力，解放和发展文化生产力，使文化产业成为广东的战略性新兴产业，实现由文化大省向文化强省的跨越。

从《文化生活》的"文化与社会"角度，说明广东建设文化强省的重要性。（10分）

题目以"文化强省"为背景，从"文化与社会"角度设问。"文化与社会"这个一级考点内涵丰富，而且其中的二级考点"文化与经济、政治的关系"是近年的高频考点。同时，学生很容易将"文化对人的影响"与"文化与社会"相混淆，而一级考点"文化对人的影响"中的二级考点"丰富精神世界、促进全面发展"也是高频考点。于是，试卷讲评时，教师把"文化的影响"（对人和对社会）作为讲评的重点。首先，引导学生审题，把握设问的关键词和材料主旨；其次，结合材料分析参考答案；然后，对于"文化与社会"这一知识主题进行概括归纳。（图1）

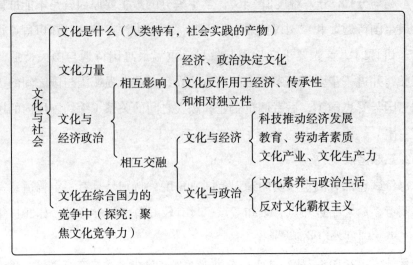

图1

最后，我引导学生归纳出"文化与个人"这一主题知识，并构建知识结构。（图2）

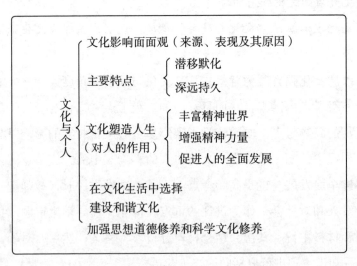

图2

四、学法指导，举一反三

"万变不离其宗"，知识考点相对稳定，但命题角度千变万化，材料背景、设问方式等推陈出新，让考生防不胜防，有时还因思维定式导致失分，因此要"知其所以然"。所以讲评时，教师务必重视变式训练，引导学生多角度合理发散，做到灵活应变。同时，教师还要善于将试题分类，总结答题方法与技巧，强化学法指导。如2011年广州市一模第25题。

在假定其他条件不变的情况下，下图（图3）所体现的经济学道理是

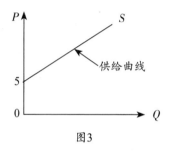

图3

A. 需求量随价格的上升而减少，随价格的下降而增加

B. 需求量随价格的下降而减少，随价格的上升而增加

C. 供给量随价格的上升而上升，随价格的下降而下降

D. 供给量随价格的下降而上升，随价格的上升而下降

本题均分3.39，难度值0.847，得分情况较好。但近年来经济类试题多以图表方式呈现，题目以"函数图像类"为载体，考查价格与供给量、需求量等相互关系。对于本题，首先要明确有哪些变量，其次要弄清这些变量之间的相互关系，谁是"自变量"（因），谁是"因变量"（果），即两个变量之间究竟是谁引起了另一个变量的变化。通过分析题型特点，学生容易得出正确答案。同时，我又提供了另一图示（图4），让学生识别是否供给曲线，从而引发辩证思考。

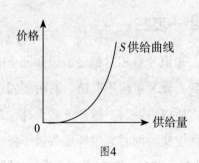

图4

随后，我进行变式训练，先后提供2010年高考山东卷第19题（图5）和2010年高考广东卷第24题（图6、图7），引导学生进一步熟悉函数图像类题目的解法，并且全面掌握价格变动的影响这一重点知识。

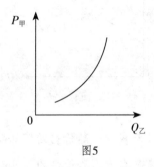

图5

变式一：（2010·山东19）甲商品价格（$P_甲$）与乙商品需求量（$Q_乙$）之间存在如图所示关系。在其他条件不变的情况下，下列判断正确的是（　　）。

① 甲商品的需求量受乙商品价格的影响

② 甲商品价格上升会使乙商品价格下降

③ 甲商品价值量降低时，人们对乙商品的需求增加

④ 人们的某一特定需要，甲乙两种商品都可以满足

A.①②　　　　　B.①④　　　　　C.②③　　　　　D.③④

变式二：（2010·广东24）图6、图7中商品甲、乙是两种互不关联的商品。当两商品的价格P均从P1同幅下降到P2时，对于需求量Q的变化，若有如下判断：

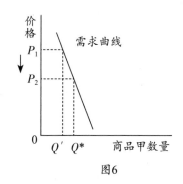

图6

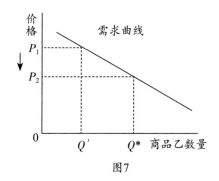

图7

① 两商品的需求量与价格同向变动

② 两商品的需求量与价格反向变动

③ 两商品相比，商品甲是高档耐用品

④ 两商品相比，商品甲是生活必需品。其中正确的是（　　）

A.①③　　　　　　B.①④　　　　　　C.②③　　　　　　D.②④

五、正面引导，情感激励

考试结束后，部分学生会因成绩不理想或者自我定位较高，产生挫败感甚至自卑感。教师在试卷讲评课则应加强正面引导，注重情感激励。

1.卷面对话

教师可以在阅卷时，用红笔在相关同学的试卷上批注："审题很仔细，望继续发扬！""卷面清晰，让人赏心悦目！""恭喜进步，期待精彩绽放！"学生直接感受到老师的关注，有利于积极的情感认同。

2. 目标意识

教师评讲时在PPT上投影两句话："如果你考得好，请提醒自己：这不是高考！""如果你考得不好，请鼓励自己：这不是高考！"希望同学们戒骄戒躁、长远定位。

3. 榜样示范

教师可以展示主观题得分较高学生的答案，通过生生互评，让学生明白榜样就在身边，并非遥不可及，从而扬长避短，迎头赶上。

4. 方法鼓励

教师评讲结束时，最后一张PPT通常如图8所示。

政治学习并无"捷径"可寻，但有以下规律和
做法可循

1. 多看书，重知识理解；

2. 善思考，重知识联系；

3. 勤动笔，重归纳积累；

4. 比意志；重心理调节；

学贵有恒，坚持、坚持、再坚持！

图8

2011广州市二模考试难度较大，学生得分较低，部分学生存在情绪波动。于是在这次试卷讲评课上，教师和学生分享了"四心"：信心（Confidence）、细心（Carefulness）、恒心（Persistence）、耐心（Patience）。总之，要让学生更加主动、充满信心地转入下一阶段的学习，而不是令学生增强"负罪感""自卑感"，丧失学习的兴趣和信心。这不仅是高效讲评的教学要求，更是教育工作的道德标尺。

参考文献

[1] 思想政治课程标准研制组.普通高中思想政治课程标准（实验）
［S］.北京：人民教育出版社，2004.

［2］范丽芳.提高试卷讲评课的时效性［J］.广东教育，2007（11）.

［3］邵晓枫，廖其发.以"学生为本"教育理念的解读［J］.中国教育学
刊，2006（3）.

［4］刘凯.新课改背景下如何上好高三政治试卷讲评课［J］.考试研究，
2010（51）.

［5］冀玉.学生主体参与教学模式的探索与运用［J］.思想政治课教学，
2010（5）.

注：本文获得2012年广佛肇教师校本行动研究暨第八届广州市校本研究
与教师发展学术研讨会二等奖。

浅谈高中思想政治课教学生活化的实现途径

高中思想政治课教学生活化是指从学生生活经验和已有生活背景出发，以"源于生活，寓于生活，用于生活"为指导思想，把课堂教学与生活实际相联系，激发学生兴趣，运用政治、经济、哲学、文化等思维方式分析社会生活，解决现实问题。结合教学实践，我认为教学内容、教学形式、教学过程和教学氛围生活化是实现高中思想政治教学生活化的四个主要途径。

一、教学内容生活化

作为课堂教学的规范化纲要，《普通高中思想政治课程标准（实验）》明确指出："本课程要立足于学生现实的生活经验，着眼于学生的发展需求，把理论观点的阐述寓于社会生活的主题之中，构建学科知识与生活现象、理论逻辑与生活逻辑有机结合的课程模块。"这为实现教学生活化提供了重要的方向指引，构建以生活为基础、以学科知识为支撑的课程模块正是新课标的鲜明特色。

下面为普通高中思想政治必修课程结构图。（图1）

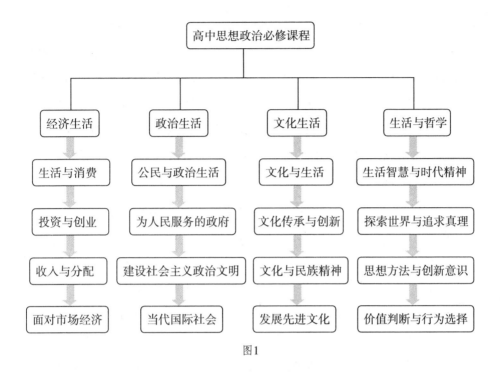

图1

作为基本教学资源，依据《普通高中思想政治课程标准（实验）》编写的高中思想政治教材，最突出的特点是基于生活，关注学生，重视从贴近学生的日常生活和社会实际切入，提出问题，引出理论知识的学习，注重培养学生将社会生活中的具体问题归纳抽象为理论问题的能力。在内容设计上，包括"经济生活""政治生活""文化生活""生活与哲学"四个必修模块和六个选修模块。在具体内容的选择上多是现实生活中的常见现象，如"生活与消费""投资与创业""公民的政治生活""文化与生活""生活智慧与时代精神"等主题，具有浓郁的现代生活气息。

当然，与日新月异的现代社会相比，教材内容在一定程度上具有相对滞后性。要实现学生所学的知识与快速更新的社会信息同步，就对教师提出了更高的要求。实现教学内容生活化有着如下具体做法。

1. 合理利用社会生活素材丰富教学内容

教师要密切关注各种信息渠道，预先对相关的社会生活素材进行收集、选择、加工与整理，从而给教学提供极富生活气息且蕴含理论意义的典型教学资源，并以集约化的方式呈现给学生，从而解决课堂内容相对不足的困境。例如，"商业保险"对于高中学生而言，有一定的理解难度。我讲解时采用本校一名因为体育锻炼而受伤的同学向保险公司理赔的真实案例，来解释"商业保险"的概念和特征。因为是身边熟悉的事件，再加上精心组织，学生在课堂上踊跃剖析、讨论，逐步从案例中概括和总结出保险的基本宗旨、原则和功能，并且初步了解了办理保险的一般程序，既丰富了生活经验，又强化了保险意识。

2. 教学内容密切联系学生已有的知识积累和生活经验

把学生已有知识、经验及其生活纳入教学内容的视野，是教学内容生活化的题中之义。这要求教师在教学之前和教学过程中认真研究学情，采用多种途径详细了解学生生活实际、现有能力水平和思想道德水准。唯有如此，才会让教学内容更具针对性，才会使教学获得学生的积极响应和主动投入，实现有效教学。例如，在讲到"人生价值"时，恰逢学校号召为灾区献爱心，我了解到多数同学很踊跃，但也有少数学生持观望态度。于是我结合"长江大学学生勇救落水儿童"这一事例，提出问题："有人说为了救私自游泳的小学生，几位大学生的牺牲不值得，你如何看待这样的观点？为什么？"同学们根据已有的道德认知和知识储备，在激烈的思想交锋中，对价值观这一知识点产生了强烈的情感共鸣。

二、教学形式生活化

高中思想政治课教学生活化即体现出课堂教学应立足于生活、来源于生活、应用于生活的教学理念。贯彻这一理念，教学形式生活化是必然途径，而教学形式生活化的做法是多样的，我以体验式教学法为例，结合实际，简析其作用。

体验式教学是以培养学生具有独立、自主、创新等主体精神为目标，以营造教学氛围、激发学生情感为主要特点，以学生自我体验为主要学习方式，通过师生互动，达到认知过程和情感体验过程的有机结合。开展体验式教学是教学生活化的重要手段之一。高中思想政治课教学中实施体验式教学应注意以下几点。

1. 在情境中体验

通过创设贴近学生实际的生活情境，把生活搬进课堂，用生活情景再现教学内容，使学生情绪上受到感染，情感上产生共鸣，激发学生的体验。在教学实践中创设生活化的教学情境，应该遵循以下原则。

（1）科学性和方向性原则。

创设情境要把握教学内容的重难点，问题设置必须科学、清楚，设在"关键处"，导在"疑惑点"，从而使教学目标明确，教师意图清晰，学生成竹在胸，整个课堂有的放矢，而不能为了生活化而生活化，把教学生活化带入庸俗化而背离教学目标。如讲授"人生价值"时，我播放了《感动中国》中的钱学森院士感人视频，使学生深受感染，从而乐于接受教材观点，并且能联系自身言行，自觉树立正确的价值观。

（2）层次性原则。

设置情境要有合理的程序和梯度，要善于把一个复杂的、难度较大的问题分解成若干相互联系的小情境、小问题。同时，针对不同班级、不同学生的知识水平和能力，应具体问题具体分析。如学习"劳动和就业"时，为引导学生切实体会我国的就业现状，关注国家就业政策和措施。我提供了尘肺职业病事件，并设置了如下体验问题："矿工们哪些权益受到侵害？""你能为矿工维权提出合理化建议吗？""你能从政治学（哲学）角度认识矿工的维权问题吗？"上述问题呈现出一定梯度，符合不同学生的实际情况，可以使各种层次的学生都有成功感，符合因材施教的基本原则。

2. 在探究中体验

高中生思维具备一定的独立性和批判性，常常不满足教师、书本的现有解释和现成结论，喜欢提出不同看法。古希腊学者普罗塔戈曾说："头脑不是一个要被填满的容器，而是一把需要被点燃的火把。"教师的职责就是点燃火把，让它燃烧。现代教学论研究指出，产生学习的根本原因是对问题的探究，因此探究为体验式教学提供了持久的动力。例如，学习"投资理财的选择"，我结合理财畅销书《富爸爸、穷爸爸》，让同学们尝试制定"家庭理财方案"。由于与学生家庭生活密切相关，既有利于激发学生的探究兴趣，又有利于培养学生的经济意识和理财能力，也提升了学生的家庭责任感。

3. 在互动中体验

高中思想政治课教学生活化，离不开互动，包括"师生互动""生生互动"和"人机互动"等。互动的本质是师生人格的平等和在体验式教学过程中的交互。通过互动，不仅实现知识的传递和汲取，还使学生领悟到探究的快乐，获得探索精神、严谨态度、科学思维方法等宝贵的精神财富，也有利于培养学生诚信、竞争、合作等优秀品质。

4. 在实践中体验

"纸上得来终觉浅，绝知此事要躬行。"积极参与社会实践，走进社会生活是构建生活化课堂的延续。高中思想政治课要沟通课堂内外，充分利用学校、家庭和社区等教育资源，拓宽学生的学习空间，增加学生实践的机会。教师可以根据教学需要，让学生走进社会，开展社会调查、参观访问、赴敬老院献爱心、研究性学习等活动，把政治课置于社会生活中，为学生打开一扇扇了解社会的窗户，极大地丰富学生的生活体验，让他们感受到生活中思想政治无处不在、无时不有。

三、教学过程生活化

高中思想政治课肩负德育功效，不仅在于传授知识和技能，更重要的是对学生进行文化传统、道德品质以及价值观念的传承和培育。因此，在整个教学过程中都应关注生活化，主要包括：

1. 导入知识生活化

教师在课堂讲授和指导学生时，多从现实生活入手，把学生身边的例子导入课堂。通过将学生的生活经验导入政治教学，激发学生的求知欲、好奇心，调动学生的学习兴趣和热情。

2. 理解知识生活化

通过生活经验导入知识点之后，要用生活中的实例去解释、分析和理解。通过对具体实例的分析让学生真正领悟知识，消除学生思维上的疑惑。

3. 运用知识生活化

例如在学习"影响价格的因素"后，教师可以让学生对"蒜你狠""豆你玩""姜你军"等涨价现象全面分析，引导他们理性思考。

四、教学氛围生活化

实现课堂教学生活化，要着力营造一种互相信任、互相欣赏、乐于表现、敢于表达的氛围，为学生提供足够的思考时间和研讨空间，鼓励学生探索，获得成功的体验和学习的乐趣。为此，教师必须打破"教师中心论"，构建民主、平等，合作的课堂教学文化生态。

1. 尊重学生人格为前提

陶行知先生曾说："你的教鞭下有瓦特，你的冷眼里有牛顿，你的讥笑里有爱迪生。"实现教学生活化，需要构建新型的师生平等关系，这当然要以师生相互尊重为基础，而师生间相互尊重的基础，更迫切的是教师尊重学生。

2. 师生平等交流与合作

关于教育民主，杜威认为，"它首先是一种联合生活的方式，是一种共同交流经验的方式"；是"个人各种能力的自由发展"。教学过程是教与学的统一，是师生间思想交流、情感沟通、人格碰撞的互动。对教师而言，这种交流意味着教师由传统教学中的主角转向平等的参与者，教学过程中教师不应以貌似权威地打断或者否认学生观点，而应鼓励学生敢想、敢说、敢问。既鼓励学生冒尖，也允许学生在某些方面暂时落后；既促进学生发展，同时也促进自身进步，从而真正实现教学相长。

3. 民主客观地评价学生

教师不能单纯地用量化的分数来衡量学生的学习成果，更需要重视学生平时生活、学习中的情感、态度、价值观的评价。这要求教师细心观察学生，必要时还要对学生进行有针对性地指导，对学生的点滴行为给予及时鼓励和肯定评价，这有利于学生增强自我效能感。

最后，在努力推进高中思想政治教学生活化过程中，必须意识到教学生活化并非意味着教学内容就是个体日常生活经验的简单重现，要避免生活化过于发散而导致教学主题的迷失。高中思想政治课核心内容是马克思主义基本观点，主要任务是帮助学生树立科学的"三观"。因此，教学生活化务必紧扣教材各模块固有的主题，才能真正做到形散而神聚。那种把教学只停留在生活琐事层面的做法，实际上是把思想政治课堂引向庸俗化，应对此进行严格的区分。我们应极力避免对生活化理解的误读。

参考文献

［1］思想政治课程标准研制组.普通高中思想政治课程标准（实验）
　　　［S］.北京：人民教育出版社，2004.

［2］杜威实用主义教育思想与教育论著选读［M］.北京：中国环境科学
　　　出版社，2006.

［3］贺伟.高中思想政治生活化教学模式的构建［J］.新课程研究，2008
　　　（8）.

［4］吴建.高中政治"生活化教学"刍议［J］.中小学教学研究，2009
　　　（7）.

［5］朱小蔓.情感教育论纲［M］.南京：南京出版社，1993.

注：本文发表在《课程·教材·教法》（国际刊号ISSN 1000-0186，国内刊号CN 11-1278/G4）2012年第12期。

贯彻学标，坚持求异，力争高效

——《树立正确的消费观》课堂教学探索与反思

　　《高中思想政治学业质量评价标准》（以下简称《学标》）立足于三维目标研究，进行课程的二次开发，坚持本学科学习规律、教学规律和评价规律的有机结合，构建具有地域特色的思想政治课学生学业表现标准体系和评价方式，从而有利于真正实现"学有目标""教有依据""评有标准"。在实际的教学实践中，贯彻《学标》对于提升自身的教学水平、提高课堂效率至关重要。

　　2012学年第一学期学校开放周，我按照工作部署上了一节推荐课，授课内容是人教版《必修一经济生活》第一单元第三课第二框题《树立正确的消费观》。从知识内容来看，消费心理和消费行为都是贴近学生生活实际的，从往届的教学效果来看，学生对教材知识较感兴趣，课堂参与也很活跃，但是如何区别以往，上出新意，仍非易事。本课的落脚点是"如何做一名理智的消费者"，对于"适度消费、理智消费、绿色消费、艰苦奋斗"等行为准则，如果处理不好，就很容易落入说教的俗套。所以，既要体现学生主体，保持课堂的兴奋度，又要回归思考，实现理性知识的提升，这是一个难题。

我在本学期任教三个班，其中有一个班的课时比公开课提前一天，为教学反思和及时调整提供了可能。下文以《树立正确的消费观》两个不同班级的授课调整，根据我对于《学标》的理解和运用，浅谈课堂效果的不同和变化。

一、情境导入生活化

《全日制普通高中思想政治新课程标准》明确要求："要立足于学生现实的生活经验，着眼于学生未来的发展需求，把理论观点的阐述寓于生活主题之中，构建学科知识与生活现象有机结合的课程模块。"因此，本课设计了充满生活气息的情境化背景，由日常生活中可能碰到的购买手机的"两难抉择"导入，坚持了"三贴近"的基本原则，逻辑顺序也符合学生由特殊到一般的思维习惯。具体操作如下：

第一节课：

情境设置：2012年9月21日，甲品牌手机在美国等9个国家（地区）发售，功能新颖、丰富，吸引了大量消费者。中国香港官网16G版售价5588港元，约合人民币4500元。预计2012年底在中国内地市场上市。

情境问题：该品牌手机在中国内地市场上市后，你会选择购买吗？为什么？（列举出"买"或者"不买"的理由）

学生活动：学生四人为一个小组，将"买"或者"不买"的理由列举在草稿本上。

之所以选择甲品牌作为教学资源，是因为它既是现实的消费热点，又是学生关注的焦点。教学设计试图通过情境和问题创设，引导学生感悟本课重点知识"消费心理"。在授课时，教师将图片和情境材料PPT投影出来，学生兴趣盎然，但是一看到问题，几乎异口同声地回答："不买，没有钱！"这样，原来精心设计的问题就变得毫无思考的价值，成了"伪问题"。

于是，我在第二节课做了调整。在情境设置环节除了提供某品牌的信息外，还增加一个虚拟人物：小A大学毕业，因工作需要得换新手机，要求上网便捷、文字和图片处理功能强大。他的同事很多都买了甲品牌手机，他觉得自己也不能落后，但是月薪刚5000元，还要付房租、生活费等，又听说报价2680元的乙品牌手机功能也符合工作的要求，而丙品牌手机的最新款只要499元。小A陷入纠结中。

情境问题：面对购买手机的多种选择，你会给小A提出怎样的建议？为什么？

学生活动：学生四人为一个小组，交流讨论，并把理由列举在草稿本上进行展示。

和第一节课"高度一致"的回答完全不同，同学们和小A感同身受，也面临着多重选择，于是各抒己见，热烈讨论，思维活跃。举例如下：

第一组：买甲品牌。理由：功能强大，至少3年不用换新机，有面子。

第二组：买丙品牌。理由：支持国货。

第三组：买甲品牌的低配版。理由：性能差不多，而且甲品牌新品上市后，其低配版大幅降价，是购买的好机会。

第四组：买乙品牌。理由：综合考虑，性价比高。

教师小结：感谢同学们的积极参与，带给小A许多有益的建议，有的考虑价格优势，有的认为性能优先，也有综合思考的。其实，提出建议的过程，就是大家不同的消费心理的具体体现。常见的消费心理有哪些、如何正确评价，让我们一起继续探讨。

二、课堂流程线索化

《全日制普通高中思想政治新课程标准》明确要求："要关注学生的情感、态度和行为表现，倡导开放互动的教学方式与合作探究的学习方式，使学生在充满民主气息的教育过程中，提高自主学习和发展的能力。"《学标》也坚持"突出以能力为重"的价值取向，即"努力引导师生更多地关注学习过程，重视对学生的思维能力以及在真实情境中解决问题能力的培养"。因此，本课在情境导入的基础上，设置模拟人物，课堂流程按照人物事件的不断发展呈现线索化，有利于保持学生前后思维的连贯性。

以第一子目《消费心理面面观》为例。第一节课我选取了四则素材分别讲解四种不同的消费心理，即从众心理、求异心理、攀比心理、求实心理。

从课堂效果来看，素材虽然较丰富，学生课堂参与也很积极，基本能够顺利得出预设的认知结论。但是四则材料缺乏前后一致的连贯性，给学生理解上增加了难度，从而不利于知识的动态生成。

我把第二节课的课堂线索调整为：设置虚拟人物大学毕业生小A，因为工作需要得换一部新手机，先后经历了"纠结—疑惑—决定"的购机心路历程。

1. 纠结篇

小A大学毕业，因工作需要得换新手机，要求上网便捷、文字和图片处理功能强大。很多同事都买了甲品牌手机，他觉得自己也不能落后，但是月薪刚5000元，还要付房租、生活费等。听说报价2680元的乙品牌手机功能也符合工作要求，丙品牌手机最新款只要499元。小A陷入纠结中。

2. 疑惑篇

小A一直想弄明白，甲品牌手机为什么畅销呢？他发现，该品牌公司的几乎每一款产品都可以视为艺术品。原来，前总裁率先在产品中植入美学因素，提出"科技要和人文、艺术融合，才能产生让我们的心为之歌唱的结果"。该总裁有一句经典名言：领袖和跟风者的区别就在于是否创新。看来畅销归根到底还是源自产品的独特性与不断地创新。

3. 决定篇

仔细比较后，小A发现甲品牌的一些功能平时根本用不上，而且上市不久已曝出地图出错、掉漆、网络不稳定及镜头光晕等质量问题，决定不盲目跟风。丙品牌虽然便宜，但是配置低，而且消费者反映存在质量及售后缺陷。刚好国庆期间某商家推出乙品牌团购价2280元促销，还可分期付款，月供260元，小A认为这在自己经济承受范围内，决定购买乙品牌手机。

经过上述调整，同学们和小A一起感受着"纠结—疑惑—决定"的购机心路历程，体会真实的消费生活，在模拟体验中积极感悟和辨别从众、求异、攀比和求实等消费心理，从而自觉认识到应做一名理智的消费者。

三、知识讲解详略化

著名教育家叶圣陶先生曾说："提问不能答，指点不开窍，然后畅讲，印入更深。"这指引一线教师应坚持课堂讲解详略得当，实现高效。《学标》在"强化课标意识，落实'三维目标'"这一价值取向中明确要求："引领学与教能够扎实地落实课标的基本要求，克服在实施层面上容易出现的教学目标虚化现象。"

以本框题第二个子目《做理智的消费者》为例，第一节课我将"量入为出、适度消费；避免盲从、理智消费；保护环境、绿色消费；勤俭节约、艰苦奋斗"等四个原则按照课本顺序，从头到尾地进行解读。如"量入为出、适度消费"既不用超前也不能滞后；"避免盲从、理智消费"的"三个避免""保护环境、绿色消费"的"核心"；"勤俭节约、艰苦奋斗"与社会主义核心价值观的一致性等。这样处理的效果就是面面俱到，但是没有主次之分，而且教学时间很紧张，同时讲解方式上和第一个子目的过程有些类似，课堂缺乏节奏上的变化。其实，这四个原则的多数内容，学生是可以通过自主读书领会的，关键是要与学生自身实际相结合，实现情感态度价值观的自觉提升。

针对上述情况，我在第二节课的教学环节中进行以下调整。

1. 学生互动：《铿锵大家谈》

（1）规则：男女生分别指出对方日常生活中的消费现象或者消费行为，并指出受什么消费心理影响。

（2）要求：对事不对人，反对人身攻击；有则改之，无则加勉。

2. 学生回归教材

设问："结合教材和生活实际，说明如何做一名理智的消费者。"学生回归教材，归纳出四点具体要求：量入为出、适度消费；避免盲从、理智消费；保护环境、绿色消费；勤俭节约、艰苦奋斗。

3. 教师追问：结合自身实际，你认为哪一要求应成为日常消费的首要原则

学生甲：我认为首要原则是"量入为出、适度消费"，因为我每次看见好吃的东西，就特别想吃，忍不住。

学生乙：我认为首要原则是"避免盲从、理智消费"，因为我们班有些女生经常买一些护肤品，没有用完就扔了，太浪费。

学生丙：我认为首要原则是"保护环境，绿色消费"，因为现在环境问题日益严重，食品安全问题频频出现。

而对于部分学生主观上认为有些"过时"的"勤俭节约、艰苦奋斗"原则，教师提供了两组图，通过对比，使学生认识到勤俭节约是一种美德。然后，教师用PPT展示了最近拍到的一组校园里的浪费现象照片（课间操时教室人走灯未灭、饭堂里吃剩的早餐、用后流淌不止的水龙头）。

通过强烈的视觉对比，同学们深有感触。有个学生在谈感受的时候这样总结："勤俭节约、艰苦奋斗既是我们中华民族的传统美德，更是社会主义初级阶段现实国情的必然要求。我觉得这不仅是国家和政府的事情，更是我们每一个公民的实践选择！"话音未落，全班就响起了赞许的掌声。教师最后鼓励指出："勤俭节约，你能行！艰苦奋斗，必须的！"

调整后的课堂知识梳理主要由学生完成，并非教师单一灌输。在讲解处理上坚持了详略得当、突出重点。而且由于紧密结合生活现实，学生参与程度高，课堂气氛积极融洽，实现了理论知识的自然生成。

总之，在周而复始的教学轮回中，教师难免会产生疲劳和倦怠现象，所以不断创新是非常必要的。这要求教师必须贯彻《学标》，结合教学实效，坚持求异，力争做到立足于学生的生活经验，把教材理论观点的阐述寓于社会生活的主题之中，贯彻理论与实践相结合的基本原则，从而满足学生知识、能力、情感态度价值观等素质全面发展的需求，打造高效能、高质量的思想政治课堂。

参考文献

［1］思想政治课程标准研制组.普通高中思想政治课程标准（实验）
　　　［S］北京：人民教育出版社，2004.

［2］张云平等.高中思想政治学业质量评价标准［S］.广东：广东高等教

育出版社，2012.

［3］周彬.课堂密码［M］.上海：华东师范大学出版社，2009.

［4］周峰，郑向荣.优质学校形成规律探索——从洋思到东庐［M］.江

苏：江苏人民出版社，2009.

注：本文获得2013（第13届）中国教育系统（基础教育）年度论文评选二等奖。

思想政治课程资源有效开发的
"四个尊重"

——《国家财政》观课有感

　　《普通高中思想政治课程标准（实验）》明确指出："本课程要立足于学生现实的生活经验，着眼于学生的发展需求，把理论观点的阐述寓于社会生活的主题之中，构建学科知识与生活现象、理论逻辑与生活逻辑有机结合的课程模块。在开设必修课程的同时，提供具有拓展性和应用性的选修课程，以满足学生发展的不同需要。"这说明，一线政治教师不仅要充分利用课本资源，更要立足学生、立足生活，坚持合理、科学开发课程资源，并尽可能实现课程资源的优化配置。

　　所谓课程资源，就是课程设计、编制、实施和整个课程发展过程中可以利用的一切人力、物力以及自然资源的总和。从广义上看，课程资源就是以课程标准为依据，为完成其教学目标可以利用的一切因素的总和，如文本资源、音像资源、人力资源、实物资源、网络资源等。狭义的课程资源仅仅指构成课程的因素，包括教学主体、教学对象、教学手段等。

　　不管是广义还是狭义，课程资源都具有以下共同的特征：第一，课程资源不是单一的，它包含多方面的内容和表现形式。第二，课程资源不是既定的、不变的，而是开放的、发展的。第三，课程资源不会自动进入教学领域，需要教师主动地去寻找、认识、选择和运用。如何合理开发课程资源是每个一线教学工作者必须思考、实践的课题。可以说，一名优秀的教师，一定是善于利用课程资源的主动开发者。下面以我校一名青年教师的必修一《经济生活》第八课第一框题《国家财政》授课为例，重点分析开发课程资源应坚持的"四个尊重"基本原则。

一、尊重教材

尊重教材即立足教材、理解教材，坚持教材资源开发的创造性。

教材是落实课标的载体，教材是基本的课程资源。所以要尊重教材、理解教材，但是又不能简单照搬照抄。即坚持由"教教材"向"用教材教"转变。开发教材资源常用的手段有：巧用教材的案例、情境、活动设计；积极引导学生做教材的对话者；积极开展教材比较研究等。上述手段的核心就是如何实现创造性地利用教材。即做到由科任教师根据教学时间和学生的实际来决定、是否需要更新教材内容（更新材料、重新设计）；改造教材主题（合并、拆分、拓展、补充）、忽略某些设计或增补时事政治内容等。

在这个过程中，教师必须围绕教学目标，对教材内容进行加工、整理、剪裁。教师要在理解文本的基础上，抓住学生的"兴趣点"，发掘教材中的"空白点"，寻找课程新的"增长点"。

观察《国家的财政》一课，教材现有的知识顺序是：财政的含义→财政的作用→财政的收入与支出→影响财政收入的因素→财政收入与支出的关系。但是，授课教师并没有按部就班地照搬上述顺序，而是对教材知识进行了重新整合，即首先提出"财政的含义"，其次分析其构成——"财政收入与支出及其相互关系"，然后讲解"影响财政收入的因素"，而把知识难点"财政的作用"放在最后。这样的处理不仅体现了知识难度由浅入深的顺序，而且符合学生的认知水平和思维习惯。

二、尊重学生

尊重学生即立足其认知实际和思维水平，坚持开发学生资源的实用性。

以目前课堂改革比较流行的导学案等为例，从本质上看，导学案就是对教材的翻译和二度创作，具有调动资源、督促预习、指导学习、检验教与学的功能。作为教师要想编制一份好的导学案，就要在"导""学""案"三个字上下足功夫，立足学情，与生活实际结合，能激发学生强烈的求知欲。教师要扬长避短，从自己的能力和水平出发，对教材进行再开发，设计出具有较强适应性的导学案。即要求从学生的实际出发，从学生的思维认知出发，坚持科学性、实用性，以及适度、适量原则。

观察《国家的财政》一课，授课教师设计了讲学稿，并且较好地考虑到学生的实际（学情）、教师的实际（师情）。简要分析如下。

第一，本框题的财政知识与第一、二单元的商品、货币、消费等不同，距离学生生活实际的距离相对较远。为了更好地让学生理解，化繁为简，教师的教法选择是：选择创设情境、合作探究的教学方法。以最近的时政热点"党的十八大"为切入点，以情境问题为核心线索，学生通过小组进行合作探究，教师适当引导、点拨。这样处理，不仅符合学生的实际情况，而且符合从特殊到一般的归纳思维规律，让学生在探究、合作中感悟知识，较好地激发了求知欲。

第二，按照教参建议，本框题的教学时间为一课时，但是本框题知识内容繁多，从教学实效来看，仅用一课时讲解，学生接受和领会的难度很大。为了增强学生对教材知识的总体把握和熟悉程度，授课教师在课前预习环节中增设了"知识建构"（图1）。从教学效果来看，明显提高了课堂教学的针对性和有效性。

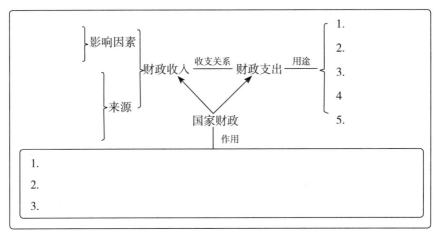

图1

三、尊重生成

尊重生成即注重知识动态生成，坚持课程资源开发的情境性。

高中思想政治课程的基本理念之一是"构建以生活为基础、以学科知识为支撑的课程模块"。"以生活为基础"，强调课程资源的开发要坚持生活化、情境化。课堂资源并非只是静态的，事实上，更应该实现动态开发，因为教师与学生的生活经验、感受、爱好、知识等都是课程资源的有机部分。教师应根据具体的教学目的和内容去开发、挖掘，让学生成为教学的真正参与者、创造者。这一要求也是符合新课程生本思想的。

观察《国家的财政》一课，授课教师在开发教师、学生等人力资源上有三点值得借鉴。

第一，课堂导入选取了党的十八大相关新闻，有意识地引导学生关注时事，并且采用角色体验——我是"十八大"特派记者。这样设计有利于缩小心理落差，让学生感悟到，原来高层政治动向并非神秘不可捉摸，从而较好调动了学生参与学习的积极性和主动性。（图2）

图2

第二，在讲解"影响财政收入的主要因素"这一重点知识时，教师没有单一进行理论演绎，而是采用了模拟财政部新闻发布会的课堂活动，由学生扮演财政部发言人、企业代表、居民代表等，进行现场模拟互动，在不同课堂主体的不同见解的交锋中，让学生明确"财政收入并非越多越好"，还必须制定合理的分配政策，正确处理国家、企业和个人三者之间的关系。

第三，讲解"财政作用"这一难点时，教师不是逐一串讲三个作用，而是让学生通过小组讨论，结合现实分析。从课堂反馈来看，"促进社会公平、改善人民生活的物质保障"和"促进资源合理配置"这两个作用，学生能够结合实际较好地领会、表达，但是关于"促进国民经济平稳运行"这一作用，由于涉及国家宏观调控，理论难度较大，学生基本不能自我分析，即使回答也是照本宣科地朗读书本有关段落。显然这就是教学疑难，授课教师此时选择了及时讲解，彰显出教师的指导意义，做到了"析在易错点""讲在关键处"。如此调整，不仅避免了课堂知识讲解的平均用力，坚持了详略得当，而且较好地开发了学生资源，充分尊重了学生的课堂主体地位。

四、尊重科技

即与时俱进，做有心人，坚持课程资源开发的科学性。

随着现代科技的迅猛发展，报纸杂志、电视广播等大众传媒提供了许多有意义的内容，特别是互联网已成为重要的信息传播渠道，具有方便、快捷、全面、经济的特点。作为教师应该发挥互联网等科技手段的积极作用，利用微博、QQ、微信等科技手段，充分地挖掘适合学生学习的素材，精心筛选所需内容，坚持课程资源开发的科学性。

从《国家的财政》一课观察，授课教师充分利用了网络，有些PPT是以网页界面的方式进行呈现的，提供了许多最新、准确的数据，将十八大热点新闻与本课的教学主题较好地结合，让数据自己说话（图3）。

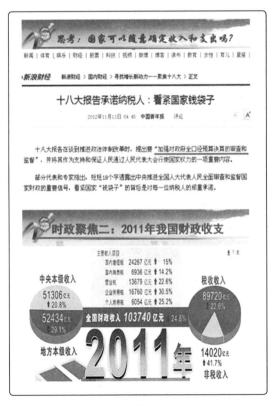

图3

可惜的是，课室平台不能实现即时上网，不然可以让学生使用网络浏览器，指导学生熟练掌握网上资源搜索、文件传输和下载等技术，课后可以设定一个个主题或范围，让他们网上阅读、搜索，探寻未知领域，把课程资源的开发拓展到无限的境界。

观察《国家的财政》这一课，在课堂资源开发上尚存两点遗憾。

第一，本课的形式多样，先后采用了"角色体验""财政部模拟发布会""小组讨论""巩固训练"等诸多形式，而且PPT设计精美，大量的数据资料鲜活生动，为课堂增色不少。但是，在形式和内容的契合程度上，仍需进一步打磨。如作为引子的"学生记者体验"，课堂伊始的确激发了学生的兴趣，但是随着课堂流程的推进，作为听课者并没有感受到这一角色参与给学生课堂带来的实际意义，仿真性不足，课堂实效自然就会打上折扣。由此观之，部分教师在开发课堂资源时由于追求表现形式的精彩，而忽视了教学内容本身应有的理论价值，往往落入了"重形式、轻内容"或者"形式大于内容"的窠臼。

第二，课堂进行到最后的"巩固练习"环节时，有如此细节：教师准备了三道选择题，一名学生被点名回答第二道选择题，她的答案是B（参考答案是C），教师发现她的答案是错的，马上让她坐下，并请另一名同学说出了正确答案。在我看来，这不仅体现了年轻教师处理课堂突发事件的能力相对较弱，更失去了一次很好的课堂资源开发的良机。

平时听课时，我们发现一堂课并非所有的预设都是水到渠成、丝丝入扣，因为学生的反馈总是动态的、变化的，与教师的课前预设总是有一定的差距。这是教学过程中的必然现象，课堂上的所谓"错误"正是一种直观、鲜活的课程资源。当学生出现各种"错误"时，教师要首先肯定学生的积极参与，使学生在愉快的心情中去想问题，同时要留给学生思考的时间，让他们自己去发现、纠正错误。

针对上述学生的意外答案并非教师的课堂预设，我们不应轻易表态和急于公布答案，而是应该先鼓励她谈谈对题目的理解和选择的理由，往往学生在反思的过程中就会发现自身思维的不足，从而自我纠正。即使不行，还可以进行生生互评等方式。总之，教师要将学生困惑的问题、暴露的错误、创新的思路、课堂偶发事件等巧妙地运用于教学活动中，化腐朽为神奇，化意外为收获。如果教师能做到这样收放自如，课堂资源的有效开发就可以称得上出神入化了。

参考文献

［1］中华人民共和国教育部.基础课程改革纲要（试行）［S］.人民教育
　　　出版社，2001.

［2］中华人民共和国教育部.全日制普通高中思想政治新课程标准［S］.
　　　人民教育出版社，2003.

［3］吴玲燕.浅谈思想政治课中的语言直观［J］.思想政治课教学，2000
　　　（1）.

［4］人民教育出版社政治室.思想政治课活动教学的理论与操作［M］.
　　　北京：人民教育出版社，2001.

注：本文在2014年花都区中小学教育教学优秀论文评比中荣获政治学科一等奖。

"四情"营造和谐的生态课堂

一、课堂呼唤生态

众所周知,生态平衡是大自然生生不息的客观规律。同样,思想政治教学也需要"生态平衡",即教学要尊重学生、追求本真、维持课堂生态。但是,长期以来,传统伦理观关注的核心是"社会关系:人——人",即把人当作社会工具来看待。这种观念投射到课堂,必然把课堂作为培养"社会工具人"的场所,而忽视课堂教学中的生态实体——教师与学生。"教育是人的精神生命活动的过程。""教育中生命活动的最大特点就是存在这种可能性,使生命调动起自身的一切,去不断地创造自我,改善和发展生命,生命会从中受到鼓舞,从而收获丰富和充实的人生。"

《基础教育课程改革纲要(试行)》指出:"创设能引导学生主动参与的教育环境,激发学生的学习积极性,培养学生掌握和运用知识的态度和能力,使每个学生都能得到充分的发展。"新课程背景下的课堂教学应还原以生为本的生态状态。因为"教育必须顺着自然——也就是顺其天性而为,否则必然产生本性断伤的结果"。作为一线教师,应该视"顺着自然"为己任,使每个学生都得到充分地发展。

二、生态课堂的内涵

所谓生态课堂,是指以学生发展为本,尊重学生是一个个具有思想、意识、情感、需求和能力的活生生的人的课堂；是通过更优的现代课堂教学设计和高效的课堂教学活动，尽可能使每个学生的各种潜能得到有效开发，使每个学生都能获得最有效地发展，从而实现教学与学生发展的真正统一的课堂。生态课堂主要强调学生是课堂教学活动真实主体，主要包含以下特点。

1. 生态课堂是生本的课堂

生态课堂是课堂内人与环境的相互依存、良性循环的课堂。其生态因素包括人、物质和精神，三者之间相互依存、相互制约，呈多向互动关系。它是以人为本的课堂，关注人性，突出发展，充满活力，是学生成长的乐园；它是由认知领域到生命领域，是教师、学生、文本之间的对话过程。这就要求教师在课堂教学中要面向全体学生，面向每个学生的全面发展，发展学生的个性和在学生原有基础上实现可持续发展。

2. 生态课堂是情境的课堂

恩格斯说："人是环境中的人。"课堂是师生活动的生态环境，课堂教学的任务之一就是要创设有利于学生成长的教学情境。教师要关注学生的差异，尽可能全面地把握学生的活动情况，努力搜集和捕捉学生的生活经验，呈现出利用各种资源构建生成的有情境的课堂。

3. 生态课堂是体验的课堂

这里强调的是从学习者个体发展的需要和认识规律出发，以感受、经历为指向，建构符合时代要求、符合学生认知规律的学习方式。生态课堂是通过创设情境，提供信息资料、学习工具，教师学习指导和情感交流等多种途径使学生在不断的体验中获得知识和发展。

4. 生态课堂是合作的课堂

班级是一个群体的集合，群体动力是最常见的生态现象，合作共生是最基本的生态表征。因此，合作交流也是最基本的课堂需求，是学生知识探索、情感交流的主要活动形式。

三、生态课堂的实现

营造和谐生态课堂，应该实现课堂生态系统的开放与互动，建立一个自由和谐、富有个性、独立自主的学习生态环境，以期获得课堂教学效益与生命质量的整体提升。营造和谐生态课堂，应在"情"上下功夫。努力以境设情、以情感人，坚持晓之以理、动之以情。

1. 设情——前提

布朗、科林斯等学者认为，认知是以情境为基础的。捷克教育家夸美纽斯在《大教学论》中写道："一切知识都是从感官开始的。"直观可以使抽象的知识具体化、形象化，有助于学生感性知识的形成。课堂教学要实现这种由抽象到具体、一般到特殊的转化，情境教学法是非常有效的。情境教学法寓教学内容于具体形象的情境之中，使学生如临其境，有利于激发学生的学习兴趣，有利于学生从形象的感知达到抽象的理性的顿悟，使学习活动成为学生主动的、自觉的活动。情境教学法的核心是创设情境。从认识论意义上看，知识总是情境化的。而且，在非概念水平上，活动和感知比概念化更加重要。因此，只有将学生这一认识主体置于饱含吸引力和内驱力的问题情境中去学习，才能促进认识主体的主动发展。如果课堂上教师提供的情境是现实生活中可能碰到的，会有利于激起学生学习的内在渴求，为整节课都全身心投入到学习的状态创造了条件。这样，课堂上能否彰显学生的主体地位，学生能否进行充分展示、科学探究，直接取决于情境的创设。所以，创设情境是生态课堂的前提。

2. 激情——动力

情绪心理学研究表明，个体的情感对认知活动至少有动力、强化、调节三方面的功能。其中，动力功能是指情感对认知活动的增力或减力的效能，即健康的、积极的情感对认知活动起积极的发动和促进作用，消极的不健康的情绪对认知活动起阻碍和抑制作用。作为教师，不仅是课堂的指挥者，还是学习的引领者，更是课堂兴趣的激发者，务必富有激情，才能感染学生，激发课堂学习的正能量。

从生态课堂的内涵来看，要尽可能使每个学生的各种潜能得到有效开发，使每个学生都能获得最有效地发展，从而实现教学与学生共同发展的、真正统一的课堂。要实现上述目标，离不开更优的现代课堂教学设计和高效的课堂教学活动。这就需要教师在课堂中有效关注学生情感等非智力因素的发展，特别是发挥健康、积极的情感对认知活动的促进作用，实现激情，从而在教师与学生的共生中，激发学习兴趣，促进合作氛围，实现互动和谐，打造生态课堂。例如，为了引导学生顺利进入"探究活动二——'爱心买房'"，教师设计了一段过渡语："来到顺德打工后，打工妹非常想念家乡的老母亲，梦境中常浮现出母亲花白的双鬓，蹒跚的背影……非常愧疚和心疼……适逢'楼市新政'，家乡的房价下调，于是决心买一套商品房让母亲安度晚年。"

文字虽然不长，但是教师富有感情地进行朗诵，注意语速的变化、音调的调整，课堂效果很好。因为国华纪念中学不少学生是通过资助才有了受教育的机会，这个情境也触动了一些外省来此就读的学生。当时，能感觉到课堂鸦雀无声，有少数学生眼中泪花闪动。

课后有一名学生如此评价："无论您的课堂设计，还是课本与情境的结合，都打上了广州的特色：创新。真的很喜欢！能看出您对生活充满激情，看出您的年轻，也很喜欢。"

3. 移情——手段

《思想政治课程标准（实验）》强调："要重视高中学生在心理、智力、体能等方面的发展潜力，针对其思想活动的多变性、可塑性等特点，尊重学生个性差异和各种生活关切的同时，恰当地采取释疑解惑、循循善诱的方式，帮助他们认同正确的价值标准、把握正确的政治方向。"在课堂学习过程中，学生的注意力和情绪往往呈现出动态变化的特点，根据学生注意力的阶段性变化，可以将一堂课大致分为"转移期（0～5分钟）""稳定期（6～20分）""分散期（21～35分钟）"和"反弹期（36～40分钟）"。从课堂实效观察，分散期是学生注意力最不容易集中的阶段，教师此时就应该变换课堂的形式，优化教学行为策略，来缓解学生疲劳，即做好"移情"。

例如，《储蓄存款和商业银行》一课，在课堂流程进入最后15分钟阶段时，储蓄存款的含义及其分类、商业银行的含义、存款和贷款业务等主要知识都已经学习完了，学生也呈现出了一定的疲态。教师此时变换课堂的形式，设置一个情景和问题：你能帮助"打工妹"汇款，圆爱心梦吗？组织一个帮助"打工妹"汇款的小组合作活动。由教师分发事先准备好的银行单据，学生现场体验转账、汇款等业务。在小组合作汇款的同时，播放《让世界充满爱》音乐，学生在活动中顺利"移情"，同时也达成三维目标。可见，"移情"是保持课堂生态性的重要手段。

4. 融情——灵魂

情感是人对客观现实的一种特殊反映形式，是人对于客观事物是否符合人的需要而产生的态度和体验。而学生的情感就是学生在学习过程中产生的心理感受和情绪体验。一节有内涵、有回味的思想政治课，应该是师生、生生的情感交流。实现这一目标，要防止两种倾向，既不要居高临下地将既有结论强加于学生，也不要主观地、简单地"贴道德标签"。为此，教师首先应该展示自己的真诚，生态课堂需要恰到好处的情感流露，教师务必展示自身的真情实感，以此来感染学生。其次，教师要充分尊重学生的个体特征，以开放的态度来包容每个学生的差异，最终实现"融情"这一理想目标。

简言之，设情是前提，激情是动力，移情是手段，融情是灵魂。四个要素有机统一，相互影响、相互制约，才能共同营造和谐的生态课堂。生态课堂是尊重认知规律、情感规律的课堂，是一种真实的、自然的、本色的常态课堂。作为一线教师的我们，需要毅然决然地摆脱功利化教育的束缚，转变教育观念，革新教学方式。当"追求本真，摈弃功利"真正成为我们每一位教育工作者的追求之日，也就是生态课堂欣欣向荣之时。

参考文献

[1] 何黎明. 设"情"入境寓"悟"于读——由一堂公开课得到的体会
　　[J]. 考试周刊，2007（17）.

［2］何长俐.走进作者心灵深处——谈散文的阅读理解［J］.中学语文，
2008（15）.

［3］杜柳.课堂生态结构优化的思考［J］.中学政治教学参考，2017
（03）.

［4］彭爱波.政治课堂呼唤良好的课堂生态［J］.思想政治课教学，2017
（05）.

［5］许光曙.依托微课教学助推课堂生态变革［J］.新课程研究，2021
（13）.

［6］钟诗汪.历史课堂生态教与学平衡性探究［J］.中学政史地（教学指
导），2021（05）.

注：本文发表在《中学政治教学参考》2015年第6期（国内刊号CN 61-
1030/G4，国际刊号ISSN 1002-2147）。

高三复习课如何实现"政治认同"刍议

——以《生产与经济制度》一轮复习课为例

最新一轮思想政治课程标准修订的核心问题就是基于学科核心素养的课程构建。核心素养不在于知道什么具体知识,而在于能灵活地、创造性地运用知识,并且运用这一知识分析和解决实际问题。

思想政治课学科核心素养包括四个要素,即政治认同、理性精神、法治意识、公共参与。四个要素在内容上相互交融、在逻辑上相互依存,构成一个有机的整体。其中"政治认同"决定着学生成长的方向,是"科学精神""法治意识""公共参与"的共同标识和魂魄。

所谓政治认同,是指人们对一定社会制度和意识形态的认可和赞同。通过课程的学习,学生能够确信发展中国特色社会主义是国家富强、民族振兴、人民幸福的根本保障;理解中国共产党的领导是中国特色社会主义最本质的特征,拥护中国共产党的领导;认同社会主义核心价值观是建设什么样的国家、建设什么样的社会、培养什么样的公民最基本的价值标准,自觉践行社会主义核心价值观。

必修一《经济生活》的内容标准是"以邓小平理论和'三个代表'重要思想为指导,帮助学生认识中国共产党始终代表中国先进生产力的发展要求；知道社会主义的根本任务是发展社会生产力，各项工作都要服从和服务于经济建设这个中心；了解我国社会主义初级阶段的基本经济制度，知道社会主义市场经济的特点；认识现实生活中常见的经济现象，获得参与现代经济生活的必要知识和技能；理解公平与效率的关系；珍惜诚信的价值，增强法律意识，培养进取精神，树立科学发展观"。可见，课程标准规定的《经济生活》内容标准与"政治认同"这一核心素养的内涵根本上是一致的。

传统的高三复习课，最常见的是"考点呈现——知识讲授——限时训练——当堂评讲"等固定模式，主要是机械性地操作，应试意味浓厚，不仅距离三维教学目标相去甚远，更达不到最新修订的学科核心素养的要求。同时，《经济生活》高三复习课理论性较强，概念多，如何实现核心素养的要求，也是一线政治教师面临的全新挑战。我结合第二单元《生产、劳动与经营》第一课时《生产与经济制度》高三复习课例，试就如何实现"政治认同"这一核心素养谈谈自己的理解与做法。

一、准确解读核心概念内涵，为"政治认同"奠定知识基础

首先，教师应该准确、深入解读核心概念，这就需要教师认真研究教材，对教材深入、透彻、全面地理解。对教材良好的驾驭能力不仅是教师上好一门课的关键，体现了教师的教学水平和良好的专业素质，而且有利于为学生实现"政治认同"核心素养奠定知识基础。当然，准确解读核心概念，除了要掌握学科现有的主干知识以外，还要及时发现学生的困惑点、薄弱点、兴趣点，还要构建知识内在的逻辑联系，这些都有赖于教师对教材以及相关知识的全面分析和掌握。

《生产与经济制度》的核心考点是我国的基本经济制度，理论性较强，概念较多。如公有制经济、非公有制经济、国有经济、集体经济等。经过课前调查，学生普遍反映公有制经济和国有经济容易混淆，显然这是学生的困惑点。复习的时候，我提供了一个表格进行公有制经济与国有经济异同比较（见表1）。

表1

		公有制经济的主体地位	国有经济的主导作用
区别	侧重	公有制经济在所有制结构中所占的比重	在国民经济中所处的地位和对国民经济性质和发展方向所起的作用
	表现	第一，公有资产在社会总资产中占优势。 第二，国有经济控制国民经济命脉，对经济发展起主导作用	国有经济的主导作用主要体现在控制力上；在关系国民经济命脉的重要行业和关键领域，国有经济必须占支配地位
联系		①坚持公有制的主体地位要充分发挥国有经济的主导作用 ②坚持公有制的主体地位和国有经济的主导作用，都不能简单地理解为数量分布上占优势；都不仅要有量的优势，更要有质的提高	

通过表格对比，学生能够举例说明能源、金融、军事等重要行业和关键领域必须由国有经济发挥控制力的作用，从而明确社会主义制度的优越性，确信发展中国特色社会主义是国家富强、民族振兴、人民幸福的根本保障。

在讲解"为什么要坚持和完善我国的基本经济制度"这一考点的时候，我不仅指导学生从理论原因和现实意义两个角度归纳知识，而且从哲学层面的生产关系和生产力的辩证关系角度解读，让学生关注我国社会主义初级阶段生产力发展不平衡、多层次的现实国情，学生就容易理解我国的基本经济制度。

图1为"为什么要坚持和完善我国的基本经济制度"的哲学思考。

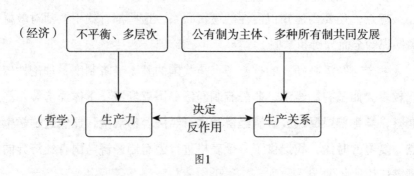

图1

二、营造良好的课堂氛围，倡导学生实现情感认同

新课程改革要求建立新型师生关系，即建立民主、平等、和谐的师生关系，需要教师树立"以人为本、以学生为本"的管理思想，真诚关怀、平等对待每一个学生。心理学的研究表明：在人际关系和谐、人的心情处于愉快轻松状态时，学习的效率会大大提高，学习潜力可以得到最大程度地发挥。民主、平等、和谐师生关系的建立有利于使学生认识到自身的价值，增强学习的自信心和动力，调动学习的自主性、能动性和创造性，形成积极踊跃参与教学活动的学习氛围，从而有利于学生实现情感认同。

复习"多种所有制经济共同发展"时，我设计了一个合作探究环节。

首先进行课前调查：①2016年"双十一"，你网购了吗？②"双十一"你在哪一家网站购物？③选择了哪一家快递公司？调查数据显示，全班48名同学，有32人曾在"双十一"网购，其中天猫11人、淘宝9人、京东7人、亚马逊3人、小红书2人，快递公司按照选择的人数多少排序为顺丰、圆通、申通、韵达、中通、天天、EMS和德邦。

学生没想到购物也可以在课堂上畅所欲言，感觉得到老师的认可和尊重，兴趣十分高涨，纷纷交流自己的购物体验，这时我提出问题："你知道这些零售网站和快递公司分别属于哪些所有制经济吗？"（学生讨论交流，略）接下来，我再提供一则材料：

国家统计局发布数据，受益网购电商崛起快递业高景气增长，2015年快递业务量完成206亿件，同比增长48%，最高日处理量超过1.6亿件，快递业务收入完成2760亿元，同比增长35%。预计2016年业务量完成275亿件，同比增长34%，快递业务收入3530亿元，同比增长28%。不过快递行业发展过程中也存在一些问题，如同质化严重、恶性低价竞争、消费者投诉等。

思考问题：如何认识快递业的作用？针对我国快递业现状，国家应实行什么政策？

学生结合自己的购物体验踊跃发言，课堂气氛融洽，在合作交流中很容易就理解了多种所有制的主要形式、地位和作用，也明白了国家为什么要对

快递业实行"鼓励、支持、引导和监管"的政策态度。为了使学生了解什么是多种所有制经济，我提供了一个表格（见表2）。

表2

多种所有制经济	主要内容
实现形式	个体、私营、外资经济
地位	社会主义市场经济的重要组成部分，我国经济社会发展的重要基础
主要作用	支撑经济增长、促进创新、扩大就业、增加税收等
国家政策	鼓励、支持、引导和监管

最后，我进一步提示出："早在2014年9月24日，国务院总理李克强主持召开国务院常务会议，决定全面开放国内包裹快递市场，对符合许可条件的外资快递企业，按核定业务范围和经营地域发放经营许可。此举就是要通过开放倒逼国内快递企业更好改善经营管理，提升服务水平，便利广大商家和亿万群众……"看着同学们若有所思地点头，我知道通过合作探究达到情感认同的效果已见成效。

三、参考最新时政资料，引导学生实现政策认同

根据普通高中课程标准的基本要求，思想政治教师的课堂教学应立足思想政治课的学科特点，参考最新时政信息，彰显时代特色。因此，在复习本课题的核心考点—"生产与消费"时，我撷取了国家发改委新闻发布会（2016年11月29日）的素材（节选如下）：

2016年以来，中国经济保持了平稳增长，"三驾马车"中消费发挥了重要作用，前三季度贡献率达到71%，同比提高13.3个百分点。从下一步发展趋势看，中国已经进入消费率由降转升，需求结构发生趋势性变化，消费对经济增长拉动作用不断提高的关键时期。传统消费将提质升级，新兴消费蓬勃发展，消费潜力巨大。但是当前消费增长面临着较为突出的问题，即高品质的产品和服务供给不足，究其原因是体制机制不健全、政策体系不完善、市

场软硬环境不规范等原因，影响社会资本增加消费有效供给的积极性和主动性，导致消费供给调整升级滞后于需求变化。为此，《关于进一步扩大旅游文化体育健康养老教育培训等领域消费的意见》坚持以供给侧结构性改革为主线，以改革创新增加消费领域特别是服务领域有效供给，补上短板，进一步扩大国内消费。

通过分析上述热点素材，不仅有利于学生理解"消费对生产的反作用"这一核心知识，而且领会到我国进一步扩大国内消费着眼于"养老、体育健康、教育培训、旅游文化等"，说明党和政府持续关注民生问题，关注切实提高人民的消费水平，学生就能够更容易理解党和政府的性质、宗旨等，也"确信发展中国特色社会主义是国家富强、民族振兴、人民幸福的根本保障"，从而对我国的现行政策达到政治认同。

四、实现情感态度的升华，引领学生价值观认同

从教育心理学角度讲，"扎实地掌握知识与其靠多次重复不如靠理解、靠内部诱因、靠学生的情绪状态而达到"。这就需要教师在教学过程中不仅要讲究教学方法和教学艺术，而且要注重通过自身的人格魅力和饱满的教学情感去感染学生，增强思想政治课的感染力，使学生在教师教学热情的感召下全身心地投入到学科的学习中去，使学生始终处在一种愉快向上的情绪中。

本课复习的结尾，我提供了一份我国基本经济制度确立与完善的大事年表（见表3）。

表3

重要节点	主要内容
十一届三中全会	指出"非公有制经济是社会主义经济的必要补充"
十四届三中全会	坚持"以公有制为主体、多种经济成分共同发展的方针"
党的十五大	第一次明确提出"公有制为主体、多种所有制经济共同发展，是我国社会主义初级阶段的一项基本经济制度"

续表

重要节点	主要内容
党的十六大	提出两个"毫不动摇"、一个"统一"
十六届三中全会	使股份制成为公有制的主要实现形式,大力发展国有资本、集体资本和非公有制资本等参股的混合所有制经济
党的十七大	两个"毫不动摇"的基础上首次提出两个"平等",即"坚持平等保护物权,形成各种所有制经济平等竞争、相互促进的新格局"
十八届三中全会	混合所有制经济是我国基本经济制度的重要实现形式

在同学们目不转睛地观看大事年表的同时,我对此进行了解读:"和社会领域的其他新事物一样,我国的基本经济制度的确立也经历了一个漫长的过程,而且随着现代化建设的发展,这一制度也在不断地完善。实践证明,基本经济制度适应我国的现实国情,有利于解放和发展生产力,有利于增强综合国力,有利于提高人民生活水平。这充分说明中国共产党作为社会主义现代化建设事业的领导核心,以高度的历史担当和使命追求始终坚持科学执政,秉承全心全意为人民服务的宗旨,积极探索经济和社会建设的真理和规律。特别是十八大以来,党中央提出'中国梦',这是中华民族近代以来最伟大的梦想,体现了中华民族和中国人民的整体利益,是每一个中华儿女的共同期盼!"最后,本课在歌曲《越来越好》的激越、奋进声中结束。

综上所述,"政治认同"作为核心素养的必达目标,不是空洞的说教,不是苍白的教条,而是可以体现在课堂教学的点点滴滴。即使是应试意味浓厚的高三复习课,只要把握学情,合理设计,通过准确解读核心概念内涵,注意营造良好的课堂氛围,坚持参考最新时政资料,最终实现情感态度的升华,不用过多的赘言,不用纯粹知识的灌输,"政治认同"这一核心素养一定能够水到渠成。

参考文献

［1］中华人民共和国教育部.基础课程改革纲要（试行）［S］.北京：人民教育出版社，2001.

［2］中华人民共和国教育部.全日制普通高中思想政治新课程标准［S］.北京：人民教育出版社，2003.

［3］宋乃庆，徐仲林，靳玉乐.中国基础教育新课程的理念与创新［M］.北京：中国人事出版社，2002.

［4］张云平等.高中思想政治学业质量评价标准［S］.广东：广东高等教育出版社，2012.

注：本文发表在《思想政治课教学》2017年第2期（国内刊号CN11-1589/G4，国际刊号ISSN 1002-588X）。

基于科学精神核心素养的理性践行

——以哲学专题复习课《客观规律与意识的能动作用》为例

所谓学科核心素养，是学生发展素养在特定学科的表现，是学生学习一门学科课程之后所形成的、具有学科特点的关键成就，是学科育人价值的集中体现，是学生通过本学科学习而逐步形成的关键能力、必备品格与价值观念。思想政治课学科核心素养包括政治认同、科学精神、法治意识和公共参与。四个要素在内容上相互交融，在逻辑上相互依存，构成一个有机的整体。应该说，科学精神是达成政治认同、形成法治意识、实现公共参与的主体性要求。

培养科学精神，就是在认识世界和改造世界的过程中表现出来的一种精神取向，即坚持马克思主义的科学世界观和方法论，能够对个人成长、社会进步、国家发展和人类文明作出正确的价值判断和行为选择。这直接关系到学生认识社会、参与社会应有的能力和态度。通过课程的学习，在伟大的社会变革和实践创新的过程中发扬科学精神，坚持辩证唯物主义和历史唯物主义基本观点，领会习近平新时代中国特色社会主义思想，认清社会发展规律和阶段性特征，解放思想，实事求是，与时俱进，求真务实，在全面深化改革的进程中，把握发展机遇，应对各种挑战。简言之，在科学精神方面，思想政治课的任务就是要培养有思想、有理智的中国公民。

必修四《生活与哲学》的内容标准是"以邓小平理论和'三个代表'重要思想为指导，帮助学生了解马克思主义哲学的基本原理，学习运用辩证唯物主义和历史唯物主义的观点和方法，正确看待自然、社会和人生的发展，知道实践是检验真理的唯一标准，坚持解放思想、实事求是、与时俱进，能够在社会生活中做出正确的价值判断与行为选择，树立和追求崇高的理想，逐步形成正确的世界观、人生观、价值观。"可见，课程标准规定的《生活与哲学》内容标准与"科学精神"这一最新核心素养的基本内涵本质上是一致的。

高三专题复习课常见的流程是：考点呈现—重温真题—知识讲授—训练巩固—当堂评讲等，侧重机械性操作，应试意味过浓，与学科核心素养相去甚远。同时《生活与哲学》高三专题复习课概念多，跨度较大，理论性较强，如何实现核心素养的要求，也是一线政治教师面临的全新课题。我结合《客观规律与意识的能动作用》专题复习课例，试就如何培养"科学精神"这一核心素养谈谈自己的理解与做法。

一、先练后讲、构建梳理，培养理性思维习惯

专题复习课的常规做法是先讲后练，即先讲授理论知识，然后通过做题来检测复习效果。我在现实教学中的上述操作效果欠佳。由于新授课时已经讲解过相关知识，复习课时直接再讲有"炒冷饭"之嫌，不仅学生兴趣不高，而且先理论、后解题的顺序也不符合学生由特殊到一般的归纳思维习惯。所以，本考点复习时我尝试调整为先练后讲，即首先提供三道原创试题，选择题两道，非选择题一道。在解题过程中，引导学生回归书本，构建整合知识，从而培养理性思维习惯。具体操作为：

1. 选择题

（1）2019年是李大钊同志130周年诞辰。习近平指出："理想信念的坚定，来自思想理论的坚定。"李大钊一生矢志不渝地追求和传播真理，为在中国传播马克思主义，为党的建立、巩固和发展，为民族独立、人民解放

和国家富强、人民幸福，做出了杰出的思想贡献和理论开拓。这启示共产党人（　　）。

A. 坚定信念就是要充分发挥意识的能动作用

B. 信念坚定说明意识促进客观世界的改造

C. 尊重规律以发挥主观能动性为基础，才能挺起精神脊梁

D. 坚定信念，将革命热情与科学态度相结合，就能造就伟大

（2）2019年10月31日，《中共中央关于坚持和完善中国特色社会主义制度推进国家治理体系和治理能力现代化若干重大问题的决定》中指出：坚持总体国家安全观，统筹发展和安全，坚持人民安全、政治安全、国家利益至上有机统一。提高防范抵御国家安全风险能力，高度警惕、坚决防范和严厉打击敌对势力渗透、破坏、颠覆、分裂活动。这说明（　　）。

① 构建国家安全体系，应遵循其固有的规律

② 应根据国家安全需要利用和改造规律

③ 按规律办事才能统筹发展和安全

④ 维护国家安全需把握联系，就是做到尊重规律

A.①②　　　　　B.①③　　　　　C.③④　　　　　D.①④

题目依托党的十九届四中全会和李大钊同志130周年诞辰两个热点，分别考查物质运动的规律和意识能动作用两个考点，而这又是理解"客观规律与意识的能动作用"的理论前提。授课时，由学生分享解题思路，对规律的概念、规律的客观性和普遍性、意识能动性的特点和表现、尊重规律与发挥主观能动性的关系等核心知识通过生生互评予以澄清。

表1为考点"物质运动的规律与意识的能动作用"。

表1

二级考点	三级考点	主要内容
物质运动的规律	规律的概念	事物运动过程中固有的、本质的、必然的、稳定的联系
	规律的客观性和普遍性	1.规律的客观性原理及其方法论 2.规律的普遍性原理及其方法论

续表

二级考点	三级考点	主要内容
意识的能动作用	意识能动性的特点	目的性、自觉选择性、主动创造性
	意识能动性的表现	1.能动地认识世界 2.能动地改造世界

2. 非选择题

2020年2月5日，中央"一号文件"正式发布，强调了今年"三农"工作的两大任务，即集中力量完成打赢脱贫攻坚战和补上全面小康"三农"领域突出短板。

材料：

积极响应习近平总书记"只争朝夕，不负韶华"的新年号召，广东省为落实"一号文件"着力推进：

第一，"聚焦重点"。把脱贫攻坚作为重大政治任务和第一民生工程，聚焦总攻目标和现行标准，聚焦重点贫困地区和特殊困难群体，聚焦"两不愁三保障"突出问题，聚焦稳定脱贫和防止返贫，激发脱贫内生动力，强化精准施策，创新帮扶举措，深化改革探索。

第二，"补齐短板"。省级财政10年时间投入1600亿元用于教育、医疗、文化等资源的供给方面，全面推进补齐农村人居环境和基础设施短板，推进乡村全面振兴。

第三，"舌尖上的安全"。强化食品安全观念和品牌意识，加强全程监管，创建无公害、有机农产品和绿色食品。

第四，"重心转移"。鉴于今年的特殊形势和广东三农工作的特点，抓紧研究疫情过后如何提振市场、恢复生产以及三农重点工作的落实问题，尤其包括脱贫攻坚收官和转入解决相对贫困问题。

总之，广东推进"三农"工作，不仅需要勇闯"深水区"的气魄与胆识，也要立足省情，准确把握"三农"规律。打赢脱贫攻坚战，要从当前疫情特殊形势和广东特点出发，既不盲目冒进，也不畏缩不前。"上下同欲者胜"，在"不忘初心"中披荆斩棘，我们必将迎来农业发展的美好未来。

设问：依据材料，从"探索世界与追求真理"角度结合"一切从实际出发、实事求是"的要求，说明广东推进"三农"工作应如何"只争朝夕，不负韶华"？（12分）

学生课堂限时8分钟完成例题后，我请学生分享自己的解题思路：审清题意——回归教材——调动知识——结合材料——组织答案。由于此题的知识限定是"一切从实际出发、实事求是"的"要求"，那么"含义""哲学依据"则不需要调用（图1）。解题的关键在于紧密结合材料背景，形成答案如下：

广东推进"三农"工作"只争朝夕，不负韶华"，应做到：第一，从客观的省情出发，尊重广东农业发展客观规律，坚持"聚焦重点""补齐短板"等举措。第二，充分发挥主观能动性，强化食品安全意识，秉承"上下同欲者胜"理念，坚持"不忘初心"，推进乡村全面振兴。第三，将发挥主观能动性和尊重客观规律相结合，将革命热情和科学态度相结合，既要有气魄和胆识，也要立足现实，准确把握"三农"规律。第四，反对唯意志主义和无所作为的思想，打赢脱贫攻坚战既不要盲目冒进，也不能畏缩不前。

图1为考点"一切从实际出发、实事求是"的知识结构。

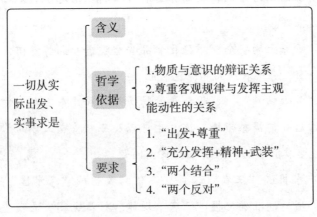

图1

二、真题归纳、明确启示，科学理性认识高考

近年高考全国卷政治学科试题结构平稳，风格平实。虽然凸显能力立意，但是仍注重立足基础，强调学科主干知识考核，既体现出"选拔性考试"的性质，又发挥其"导向教学"的作用。

本考点近六年高考考查情况统计见表2：

表2

试卷	题型	分值	试题背景	考点定位
2019全国卷Ⅰ文综第40（2）题	非选择题	10分	保护、传承和利用传统村落	意识能动作用原理
2018全国卷Ⅱ文综第22题	选择题	4分	十九大报告新时代中国特色社会主义发展战略安排	尊重规律与发挥主观能动性
2017全国Ⅰ文综第23题	选择题	4分	习近平在高校思想政治工作会议上讲话	尊重客观规律与发挥主观能动性
2016全国Ⅱ文综第22题	选择题	4分	纪念长征80周年	尊重客观规律与发挥主观能动性
2015广东文综第33题	选择题	4分	哲人观点	尊重客观规律与发挥主观能动性
2015江苏单科第27题	选择题	2分	治疗癌症新药	尊重客观规律与发挥主观能动性
2015江苏单科第31题	选择题	2分	诗句	一切从实际出发
2014天津文综第5题	选择题	4分	漫画《如此创新》	实事求是
2014重庆文综第10题	选择题	4分	雾霾治理	尊重客观规律
2014山东文综第42（1）题	非选择题	6分	我国对外文化传播	尊重客观规律与发挥主观能动性

针对上述表格，我提出思考问题："同学们，根据表格信息我们可以发现近年来本考点高考考查呈现出哪些主要特点？"经过小组交流讨论，学生代表发言，主要归纳出以下四点。

第一，强烈的时代感，命题紧扣社会热点，如党的十九大报告、雾霾治理、我国文化对外交流、纪念长征胜利80周年等。

第二，背景材料多样化，从内容看，既有社会科学，也有自然科学；从形式看，有纯文字、诗词、漫画等。

第三，核心知识高频呈现，重要考点几乎年年都考，如"尊重客观规律与发挥主观能动性"。

第四，哲学非选择题的设问以微观的"小切口"为主。

我随即追问："根据上述考查特点，对我们备考有什么启示呢？"有学生抢着发言："要关注时政，增强热点问题的敏锐度，平时多看新闻啊！"紧接着另一位学生说："审题要仔细，提高阅读不同形式材料的能力，特别是漫画、诗词类的题目我得分往往不高。"同学们频频点头，表示同意。我感到很欣慰，学生能够理性看待高考，明确备考方向，这正是科学精神、理性分析的具体体现。

三、关注时政，理性分析，形成正确的价值判断

《普通高中思想政治课程标准（实验）》指出："本课程要讲述马克思主义的基本观点，特别是邓小平理论和'三个代表'重要思想，紧密联系我国社会主义现代化建设的实际，与时俱进地充实和调整教学内容，体现当今世界和我国发展的时代特征，显示马克思主义科学理论的强大力量。从思想政治课的学科特色出发，必须及时渗透时政的最新资料，充实教学内容，体现时代特征。"

2019年是广东普通高考恢复使用全国卷的第四年，试题继续秉承"以问题为中心，以人类所面临和关心的重大社会现实问题为素材"的命题特点和设计思路，关注现实、关注社会热点。这要求我们在复习备考过程中加强时政的学习，准确把握党和政府在现阶段的基本路线和重大方针政策。为此，

教师不仅要把最新的时政热点引入到教案、学案和练习题中，还要引导学生运用所学知识对相关热点问题进行理性思考，形成正确的价值判断。

复习本考点时，我选取了党的十九届四中全会、李大钊同志130周年诞辰、中央一号文件、"只争朝夕、不负韶华"、脱贫攻坚战等热点、热词。以"只争朝夕、不负韶华"为例，这句话最初出自习近平总书记2020年新春贺词。

显然，"只争朝夕、不负韶华"体现出一种积极的精神状态，这需要发挥主观能动性，重视意识的能动作用，但是不等于"盲目蛮干"。正如人民日报评论员文章《只争朝夕，不负韶华》（2020年1月26日）指出的："中国共产党善于从大历史视野对时间进行规划，牢牢把未来掌握在自己手中，让国家发展按照稳定的节奏不断向前。……身处这样一个伟大时代，中国人民的每一分子，中华民族的每一分子都应该感到骄傲、感到自豪，也都有施展才华、实现自我的广阔舞台，更应有只争朝夕、不负韶华的使命感与紧迫感。"从而引导学生认识到"只争朝夕、不负韶华"也应一切从实际出发，尊重客观规律，实事求是，正确处理尊重客观规律和发挥主观能动性的辩证关系，从而对社会热点进行科学认知、理性判断。

四、目标巩固，变式提升，做出理性的行为选择

《普通高中思想政治课程标准（2017年版）》课程目标指出："具有科学精神素养的学生，应能够用马克思主义基本立场、观点和方法，观察事物，分析问题，解决矛盾；解放思想，实事求是，对经济、政治、文化、社会和生态文明建设的实践，做出科学的解释、正确的判断和合理的选择；感悟人生智慧，过有意义的生活，以锐意进取的态度和负责任的行动促进社会。"基于上述目标的要求，练习巩固务必精选、精练，所以专题复习课需要引导学生摆脱思维定式，学会举一反三，在解题的时候，做出理性的行为选择。

在本考点复习的目标巩固阶段，我设置了两个课堂活动，即"变式思考"和"热点材料我选择"。具体要求为：

活动一：变式思考。

"依据材料，从'思想方法与创新意识'角度结合'一切从实际出发、实事求是'的要求，说明广东推进'三农工作'应如何'只争朝夕、不负韶华'？"这与课堂热身演练的非选择题比较，材料背景一样，设问类似，但是切口略有调整，从"探索世界与追求真理"改为"思想方法与创新意识"角度，即从唯物辩证法角度审视。从教材体例看，"一切从实际出发、实事求是"属于辩证唯物论，但是并不意味着这是解题的唯一角度，所以变式训练的目的主要是提醒学生摆脱思维定式，做出理性的行为选择。

从学生课堂限时训练的答案反馈来看，一个学生的答案要点是矛盾特殊性、两点论与重点论统一、整体与部分联系、发展的前途与道路关系等，另一个学生的答案要点是发展普遍性、具体问题具体分析、联系的普遍性和客观性等。两个学生都能够准确审题，从"思想方法与创新意识"的角度思考，从材料背景获取和解读有效信息，并准确调动和运用联系、发展、矛盾理论观点，实现观点和材料的有效对接，从而跳出定式思维，做到"一材多解"。

活动二：热点材料我选择。

结合本课的核心知识，能否选取其他社会热点进行对接？并简要说明理由。

根据《广东高考年报（2018）》关于考生试题答题情况分析及评价："哲学教材相对成熟稳定，教师水平普遍较高，考试注重基本概念、原理和方法论，答案固定，评分有据，按理应当获得更好的成绩。哲学教材中的30多个基本概念、原理和方法论，务必熟练记忆与准确理解。在此基础上，才能提高考生运用哲学原理分析材料的能力"，这要求学生能够依托核心原理识别更多的背景材料，提高相应学科能力，做出理性的行为选择。基于以上认识，我设计了"热点材料我选择"活动。通过课后反馈，学生选择的热点材料主要有：

1. 中国女排勇夺世界杯冠军

推荐理由：2019年9月28日，新一代中国女排在世界杯上成功卫冕。赛前，主教练表示："为国争光是我们的义务和使命，每一次比赛我们的目标都是升国旗、奏国歌。"1981年，中国女排首夺世界杯冠军，开启5连冠辉煌，"顽强拼搏、艰苦奋斗，团结协作、为国争光"的女排精神，穿越几十年的时光，已经变成了一种国民符号。这是尊重体育运动和训练的客观规律，充分发挥主观能动性的必然结果。

2. 良渚古城遗址列入世界遗产名录

推荐理由：2019年7月6日，第43届联合国教科文组织世界遗产委员会会议决定，良渚古城遗址被列入世界遗产名录。至此，中国世界遗产总数达55处，位居世界第一。世界遗产委员会表示，良渚古城遗址展现了一个存在于中国新石器时代晚期以稻作农业为经济支撑，并存在社会分化和统一信仰体系的早期区域性国家形态，印证了长江流域对中国文明起源的杰出贡献。中国需要尊重客观规律，做好世界文化遗产保护管理工作，进一步加强与相关国际组织的深度合作。

3. 新中国成立70周年

推荐理由：70年来，全国各族人民同心同德、艰苦奋斗，取得了令世界刮目相看的伟大成就。今天，社会主义中国巍然屹立在世界东方，没有任何力量能够撼动我们伟大祖国的地位，没有任何力量能够阻挡中国人民和中华民族的前进步伐。中国已成为世界第二大经济体，对外贸易居全球第一，是全球第二大消费市场，吸引外资金额居全球第二位。同时，参与全球经济治理能力不断增强，共建"一带一路"倡议、亚投行建设、支持多边贸易体制、提出中国主张、推动建设开放型世界经济、推动构建人类命运共同体。这些成绩的取得是全国各族人民凝心聚力，既遵循经济社会发展规律，又充分发挥主观能动性的必然结果。

4. 建设社会主义文化强国

推荐理由：我国5000多年文明史，孕育了中华优秀传统文化，代表着中华民族独特的精神标识，是中华民族生生不息、发展壮大的丰厚滋养。2019年6月，习近平总书记在《求是》杂志发表《坚定文化自信，建设社会主义文化强国》，明确指出："文化是一个国家、一个民族的灵魂。文化兴国运兴，文化强民族强。没有高度的文化自信，没有文化的繁荣兴盛，就没有中华民族伟大复兴。要坚持中国特色社会主义文化发展道路，激发全民族文化创新创造活力，建设社会主义文化强国。"文化创新应"取其精华、去其糟粕、批判继承、推陈出新"，也需要遵循规律、一分为二。

5. 打赢脱贫攻坚战

推荐理由：党的十九大之后，党中央把打好脱贫攻坚战作为全面建成小康社会的三大攻坚战之一。2019年是打赢脱贫攻坚战攻坚克难之年，力争2020年实现农村贫困人口全部脱贫。习近平总书记明确指出，要坚持精准扶贫、精准脱贫，重在提高脱贫攻坚成效。精准扶贫与粗放扶贫相对应，是指针对不同贫困区域环境、不同贫困农户状况，运用科学有效程序对扶贫对象实施精确识别、精确帮扶、精确管理的治贫方式。习近平总书记强调的"实事求是、因地制宜、分类指导、精准扶贫"的重要指示，从哲学上讲正是一切从实际出发、实事求是的具体体现。

总之，在哲学专题复习过程中通过以上环节的尝试及效果反馈，说明学生能够初步养成理性思维习惯，正确看待高考并且把握考向的同时，能够对社会现象、现实问题进行理性解释，做出科学的价值判断以及理性的行为选择，这也正是培养科学精神核心素养的评价依据。当然，为科学精神素养奠基，培养有思想、有理智的中国公民，不可能"毕其功于一役"，而是思政课的长效任务与持久使命，需要丰厚积淀与持续思考，任重而道远。

参考文献

[1] 中华人民共和国教育部. 基础课程改革纲要（试行）[S]. 北京：人民教育出版社，2001.

[2] 中华人民共和国教育部. 全日制普通高中思想政治课程标准 [S]. 北京：人民教育出版社，2003.

[3] 宋乃庆，徐仲林，靳玉乐. 国基础教育新课程的理念与创新 [M]. 北京：中国人事出版社，2002.

[4] 张云平等. 高中思想政治学业质量评价标准 [M]. 广东：广东高等教育出版社，2012.

［5］陈友芳，朱明光.核心素养本位的思想政治学科学业质量评价的策略与指标［J］.中国考试，2016（10）.

［6］广东省教育考试院.广东高考年报（2019）［M］.广州：广东高等教育出版社，2016.

［7］中华人民共和国教育部.全日制普通高中思想政治课程标准［S］.北京：人民教育出版社，2017.

注：本文是2019年广州市教育科学规划课题《新高考方案下思政学科关键能力培养的优化研究》（课题编号：201911949）的阶段性研究成果，发表在《社会科学》（国内刊号：CN50-9242/D，国际刊号ISSN 1673-176X）2021年第1-2期。

基于核心素养"学习内容活动化、活动设计内容化"实施初探

——以《国家财政》观课为例

"构建以培育思想政治学科核心素养为主导的活动型学科课程"是《普通高中思想政治课程标准（2017年版）》的基本理念之一，其具体阐释为，本课程力求构建学科逻辑与实践逻辑、理论知识与生活关切相结合的活动型学科课程。学科内容采取思维活动和社会实践活动等方式呈现，即通过一系列活动及其结构化设计，实现'课程内容活动化''活动内容课程化'。本课程关注思想政治学科核心素养的培育，着眼于学生的真实生活和长远发展，使理论观点与生活经验有机结合，让学生在社会实践活动的历练中、在自主辨析的思考中感悟真理的力量，自觉践行社会主义核心价值观。一方面，使知识性内容的教学通过现实活动来实施；另一方面，使社会活动设计承载知识性内容的教学。

可以说，上述基本理念的提出给广大思想政治教师指明了课堂教学"活动型学科课程"的努力方向。但是作为创新型课程，活动型学科课程如何具体操作，没有给出明确的理论指导，也缺乏有效范式以资借鉴，一线教师在如何开展活动型学科课程的探索过程中仍然存在困惑和迷惘。现以《国家财

政》一课为例，进行"学习内容活动化、活动设计内容化"的实施初探，就教于同仁。

一、精准确定教学目标

教学目标是教学活动实施的方向和预期达成的效果，是一切教学活动的出发点和最终归宿。实践证明，课堂教学目标是否明确至关重要。我认为，确定教学目标，应从一线教学实际出发，主要考虑如下因素。

1. 基于课程标准"明方向"

《普通高中思想政治课程标准（2017年版）》明确指出："通过思想政治课程学习，学生能够具有思想政治学科核心素养。"这要求教师在制定教学目标时应该从过去的知识、能力、情感态度价值观三维目标发展为核心素养、情感态度价值观、能力和知识四维目标，从而为具体的教学行为明晰方向。基于上述认识，授课教师确定本课教学目标见表1：

表1

课题	国家财政
内容标准	说出财政的含义和基本内容；理解并举例说明财政的作用；理解影响财政收入的因素；识别财政支出的具体用途；解释财政收支的关系
学科核心素养教学目标	1.了解财政含义、财政收入与支出，认识财政的作用，并在感悟和理解财政发挥作用的事例中培养学生的政治认同。 2.结合国家或者所在地区对财政专项资金的使用，阐述如何提高财政资金的使用效益，深入理解财政是国家治理的基础与重要支柱，培养学生的科学精神，提高学生公共参与意识

2. 基于教师素养"定高度"

授课教师是一位有15年教龄的女教师，亲和力较好，课堂师生关系融洽。她有着三轮完整的高中循环教学经历，对教材的熟悉度较高，具备一定的整合教材、重组知识的能力。该教师关注新课程标准的调整，属于学习型教师。在本节课的备课、研磨、授课、反思等过程中，始终坚持常教常新，努力做到高屋建瓴，不是简单地"教教材"，而是尝试"用教材教"，从而用教师的高度引领学生的认知发展。

3. 基于学生情况"精细化"

授课所在学校属于区属国家级示范性普通高中，高一新生经过2个月的系统学习，已较为顺利地实现初中阶段向高中阶段的学习过渡。另外，所在学校使用"三导案"（导学、导教、导测评）辅助教学，学生基本养成了依托"三导案"进行课堂任务前置学习的良好习惯。同时，班级学生分成若干个学习小组，课堂学习的合作、交流、分享模式已显雏形，为本课前置学习任务、小组合作探究等课堂活动的顺利开展奠定了必要的学情基础。

财政方面的知识对于高一学生来说比较陌生，日常生活中较少关注。而且，本部分的教材知识较为宏观、抽象，学生理解有一定难度。因此，需要教师课前创设前置问题，以问题为引导，动员学生通过访谈或者上网搜集资料，然后提供情境，使学生能在活动与情境中构建知识、升华情感，以达到知情融合。

二、合理组织教学内容

1. 依托课程内容，理顺教材内容

课程内容一般指学科中特定的事实、概念、原理和问题，以及处理它们的方式。以本课《国家财政》为例，课程内容包括如下方面：感受政府为我们提供的各种服务这一客观事实，了解财政、财政收入、财政支出、国家预算、国家决算等概念，把握财政促进经济社会发展的重要原理，认识影响财政收入的主要因素、如何正确认识和处理财政收入与支出的关系等核心问题。上述课程内容在教材中是如何呈现出来呢？这就需要理顺教材内容，为后续有效组织教学内容服务。

按照《经济生活》（人民教育出版社2013年版）教材为例，《国家财政》包括两个子目：财政及其作用和财政收入与支出。第一子目以地铁修建作为导入，感受政府提供的服务。提供我国近年财政支出向改善民生倾斜、实施财政和货币政策的材料，引导学生理解财政的作用。第二子目提供我国税收收入占财政收入的比例图示，启发学生认识财政收入的构成，并进一步

思考影响财政收入的因素，同时提供我国财政主要支出所占比重的变化趋势图，帮助学生认知。同时，教材设置"名词点击"，解释了社会总供给和社会总需求，并将社会保障、税收收入的四个主要来源、财政支出的五大支出等知识通过"相关链接"加以补充。可见，教材内容是课程内容的教材化，即通过具体的事实、现象、素材表现出来，遵循学科逻辑的物质载体，是相对稳定的。但是，教材不是教学的唯一依据，基于核心素养的课堂教学务必充分发掘其作为教学工具的功能，这就要求促进教材内容向教学内容转化。

2. 整合教材知识，变教材内容为教学内容。

教师授课时没有完全照搬教材知识体例的顺序讲解，即财政的含义——财政的作用——财政的收入与支出——影响财政的主要因素——财政收入与支出的关系，而是进行了适当调整。首先在"课前学习"环节布置了知识再认：财政收入与支出、影响财政收入的因素、财政政策调控经济的过程。

接下来的学习过程，主要包括三个环节：

第一环节：为人民"生财"有法和"聚财"有道。

情境一：

请运用小组调查的资料，简单列举花都区正在建或者已经完成的重大基础工程。从你了解到的重大基础工程的大量资金的投入，你感受到什么？

情境二：

广州市花都区2016年、2017的财政收入、支出情况（资料来源：高一13班同学课前搜集），思考问题：①从文字材料中获取信息，在表格中归纳写出财政收入与财政支出的主要构成。对比每年财政收入与支出金额，你发现财政收支是一种什么关系？（收入大于支出、收入小于支出、收入等于支出）②2017年的公共财政预算财政收入比2016年多了8.6亿元，分析一下可能是什么原因使得公共财政收入在增加。财政收入是否越多越好？为什么？

通过表格数据、问题情境，推动学生调动和运用财政含义、国家预算与决算、财政收支关系、影响财政收入的主要因素等知识，学生经历了分析、综合、评价等思维能力的发展，有利于促成课堂的深度学习。

第二环节：为人民"用财"有效。

情境三：阅读下面材料。

2018年10月8日，时任国家财政部长刘昆表示，面对经济下行压力，中央已经明确，积极的财政政策要更加积极。积极的财政政策将从四个方面继续发力（略）。

①材料揭示出财政的什么作用？在材料中是如何体现的？

② 材料反映我国目前采取什么样的财政政策？具体措施有哪些？这种财政政策将有何作用？

③ 请你用自己搜集的一两个广州市花都区财政资金使用事例来对应说明财政的上述作用。

本环节教师选取丰富素材，采用多种途径，为学生提供丰富的学习内容，让学生阅读、理解、分析经济现象，思考情境问题，要求学生能够准确辨别财政的作用，分析国家财政政策。

第三环节：总结感悟。

通过本课的学习，请你谈谈如何为人民"生财""聚财""用财"？

教师设计"总结感悟"环节，不仅是要求学生对影响财政的因素等所学知识进行理解和运用，而且让学生更好地明确了人民是国家的主人，增强了对社会主义制度优越性的认识，有利于培养情感态度价值观。

3. 彰显学生主体角色，变教学内容为学习内容

通过整合教材知识，变教材内容为教学内容，主要是站在教师角度的尝试。但是课堂的真正核心在于学生的"学"，所以能否将教学内容转化为学习内容是至关重要的。实现转化的基本原则就在于立足学生角色，充分了解学生的已有认知，考虑学生对教学内容的心理接受和理解程度。可见，学习内容是教学内容的心理化，不仅要遵循学科逻辑，而且应遵循学生学习活动的心理逻辑，使学习内容更具有可学习性。

例如，在"课前学习"指导环节，教师提出两点要求：

（1）课前活动（调查、访谈）要求。

① 关注并搜集近两年广州市花都区财政收入、财政支出的数据资料，并

运用自己搜集的资料，分析财政收入与支出的构成、财政收支关系、影响财政收入的主要因素等。

② 向家庭成员或者邻居访谈了解近年居民医保或农村统筹医疗金额方面的变化情况，理解财政在人民生活改善中的作用，同时搜集自己所属地区某个重大基础设施的建设及资金投入，理解重大基础工程的建设离不开国家的财政支出。

③ 在资料的搜集过程中，了解我国目前采取的财政政策，理解财政与经济平稳运行的关系。

（2）课前学习要求。

① 阅读课本P64—P68页，课前做好导学案表格的填空题，并在书本相应处标注问题，划出关键句。

② 对导学案的活动探究进行自主思考，开展小组合作探究，并做好笔记，为课堂交流、展示做准备。

通过课堂展示情况可以看出，学生课前活动完成总体情况较好，如第三小组以广州地铁九号线这一重大基础设施建设为切入口，详细了解广州市花都区财政对于地铁九号线建设的投资情况，感悟地铁九号线不仅是广州市花都区经济社会发展的交通线，更是广州市花都区人民民生改善的幸福线。该小组还对2016年、2017年花都区的财政收入和支出情况进行初步调查（见表2），并在此基础上对于财政收支情况进行了数据汇总（见图1）。

表2

年份	财政收入	财政支出
2016年	2016年全区一般公共预算收入71.46亿元。主要组成为税收收入54.92亿元，占比76.91%；非税收入16.49亿元，占比23.09%	2016年全区一般公共预算支出102.80亿元，占比最大的仍是教育支出，累计达22.39亿元。其次分别是一般公共服务支出、城乡社区事务支出、医疗卫生支出、社会保障和就业支出，全年累计五大项目支出之和占全区财政支出的比重为62.1%

续 表

年份	财政收入	财政支出
2017年	2017年全区一般公共预算收入80.06亿元。主要组成为税收收入60.79亿元，占比75.93%；非税收入19.27亿元，占收入比重24.1%	2017年全区一般公共预算支出119.81亿元，同比增长16.6%。教育支出（31.96亿元）在全部二十个支出项目中占比最大，占全区一般公共预算支出26.7%，其次是城乡社区事务和医疗卫生，分别支出11.92亿元和11.21亿元；从增幅来看，金融监管等事务支出、国防支出、科学技术支出、粮油物资管理事务支出和交通运输支出位居前列

```
            2016年、2017年花都区的财政收支关系

  2016年公共预算财政          2016年公共预算财政
  收入71.46亿元        <      支出102.80亿元

            收入    <   支出

  2017年公共预算财政          2017年公共预算财政
  收入80.06亿元        <      支出119.81亿元
```

图1

　　各学习小组在积极参与上述活动的过程中，逐步解决前置学习任务，遵循着具体到抽象、特殊到一般的思维过程，即了解地铁九号线的投资情况——获取花都区财政收入与支出数据——对比花都区财政收入与支出的关系——思考影响我国财政收入的主要因素。这一过程同时也是学生主动探究、合作分享的过程。经过课前调查——数据收集——回归教材——知识整合——课堂展示，从而将静态的教材内容自然而然地变成了动态的学习内容，达到了活动型课程的预期效果。

4. 创新课堂教学方式

　　在精准确定教学目标，合理选择教学内容的基础上，要有效追求"学习

内容活动化、活动设计内容化"，就必须创新课堂教学方式，努力实现活动设计与课堂内容的有机统一。长期以来，授课教师所在学校坚持课堂创新。近年推行以"三导案"为主体的课堂改革，在思想政治课堂教学"活动型学科课程"方向进行了有益尝试，即提倡教师自编"三导案"，发挥导学、导教、导测评功能。一份完整的"三导案"主要包括三大部分：学习指导——学习过程——强化训练，遵循"先学后教、教后再学"的基本原则。在推行以"三导案"为主体的课堂改革时，辅以小组合作学习形式，以本节课《国家财政》为例，课前调查、数据统计、情境思考、展示分享等环节都是以学习小组为单位完成的，极大地调动了学生的学习热情，积极参与到各项课堂环节中去，教师更多的是扮演引导者、组织者、评价者。课堂活动也主要分为以下五个阶段。

（1）学习指导阶段。

学生通过研读"三导案"，明确学习内容与要求，教师给予必要地指导和说明。

（2）教师精讲阶段。

教师应贯彻两个重要理念，即知识分类理念和20分钟课堂理念，首先区分陈述性知识和程序性知识，采用最适合的教学方式。其次，课堂教师讲授时间尽量掌控在20分钟以内。

（3）学生练习阶段。

主要是学生自主练习、自我纠错与合作学习，以期达到形成理解，促进转化和知识巩固的目标。

（4）教师讲评阶段。

主要是针对学生自主探究、完成练习时存在的疑难和困惑，进行答疑解惑，"讲在关键处""评在疑惑点"，实现点拨提升。

（5）反思总结阶段。

学生将所学的内容反刍，进行分类总结；教师可以展示完善的知识结构。如有必要，可结合课堂实际需要，进行课外拓展和情感升华。

总之，通过以上尝试，本节授课依托自主编写"三导案"，主要采用小组合作学习方式，从学生课前小组调查的资料入手，进入课堂教学环节，即"为人民'生财'有法、'聚财'有道"，学生并不是抽象地记忆教材有关知识，而是通过课堂前置、任务驱动逐步认识了财政含义、国家预算与决算、财政收支关系、影响财政收入的主要因素等。接下来，教师指引学生观看视频、阅读材料，从而进入"为人民'用财'有效"课堂教学环节。这样不仅对前置问题进行了释疑，而且引导学生准确辨别了财政的作用，分析国家财政政策，从而将教材原本抽象、枯燥的概念、知识，逐渐转化为教师的教学内容、学生的学习内容。这样，教师在"教教材"到"用教材教"的探索过程中，有效实现了"学习内容活动化、活动设计内容化"。

参考文献

[1] 胡田庚，李秀妮，代利玲，王海雁.中学思想政治课堂教学实施策略 [M].北京：科学出版社，2016.

[2] 胡田庚.中学思想政治教学设计与案例研究 [M].北京：科学出版社，2017.

[3] 陈式华.基于学科核心素养的中学思想政治教学 [M].广州：广东高等教育出版社，2018.

[4] 中华人民共和国教育部.普通高中思想政治课程标准（2017年版）[S].北京：高等教育出版社，2018.

[4] 韩震，朱明光.普通高中思想政治课程标准（2017年版）解读 [S].北京：高等教育出版社，2018.

注：本文是2019年广州市教育科学规划课题《新高考方案下思政学科关键能力培养的优化研究》（课题编号：201911949）的阶段性研究成果，发表在《课程教学研究》（国内刊号：CN44-1690/G4，国际刊号ISSN 2095-2791）2021年第3期。

"停课不停学"背景下网络直播课的维度思考

——以专题复习课《市场最重要的主体——企业2》为例

2020年初，教育部下发了2020年春季延期开学通知，并提出做好"停课不停教、不停学"组织部署工作，鼓励广大师生利用信息化教育资源和平台合理开展线上教学。各地教育部门也先后做出了开展在线学习的要求，网络直播课以其直观、快捷、交互性较强等优点成为很多一线教师的必然选择。但在实际操作过程中，存在着一定误区，主要表现为：

第一，部分教师成为操作的盲从者，由于并不熟悉网络直播课的技术操作，学校规定用什么平台就用什么平台，看其他教师用什么媒介就用什么媒介，没有从自身和学生实际需求出发。

第二，部分教师沦为课件的演示者，课程的呈现方式只是教师演示课件和画外配音，教师从头讲到尾，学生隔着电脑或者手机屏幕感受"冷冰冰"的课堂，没有考虑学生的参与度，缺乏温度。

第三，部分直播课堂变成了线上练习讲评课，先进行限时训练，然后教师讲解思路、提供答案，缺少必要的课堂互动和知识深度。

第四，少数教师将直播课堂变成炫技的场所，腾讯课堂、钉钉软件、微信课堂、EV录屏、WPS直播会议等，一股脑儿地都用上，没有考虑学生家庭的软硬件条件，让学生无所适从。

为此，我在指导我区高三毕业班开展网络直播课时提出应尽量避免误区，努力实现在线课程的科学有效。现以专题复习课《市场最重要的主体——企业2》为例（本课是企业这一专题复习的第二节课），提出不同维度的几点思考。

一、坚持科学的态度，发挥网络直播课的载体功能

《普通高中思想政治课程标准（2017年版）》指出："在课程实施中，要充分利用现代信息技术，拓展教育资源和教育空间。"因此，在推迟开学的特殊情况下，使用网络直播方式进行课堂教学恰逢其时。为了防止网络直播课陷入形式主义、线上学习走形变样，授课教师必须明确直播课程只是当前特定疫情条件下的线上教学手段，应充分发挥其必要的载体作用。通过网络直播课堂教学达成既定的教学目标，完成相应的教学任务。本课教师设置如下教学目标：

（1）说出影响企业生产经营的因素，比较不同影响因素的异同。

（2）说明这些因素是如何影响企业生产经营的。

（3）提出或者评析企业解决这些因素的措施，理解相应措施的意义。

（4）初步培养经营者意识和现代企业精神，培养学生的科学精神、法治意识、公共参与的学科核心素养。

上述教学目标既有知识目标，也有能力层级，更有核心素养要求，让学生通过网络直播课程明确学习要求，有利于课堂教学的达成度。

同时，网络直播课程应注意线上教学与线下学习的有机统一，特别是注重学生线下学习的具体指导。如本节课教师使用作业登记簿小程序，由教师本人或教师授权学习委员推送课后作业，并设置收交作业的截止时间，小程序自动统计学生作业完成情况。教师根据作业推送情况进行诊断，共性的问题集中班级授课平台在线讲解，也可以通过微信、QQ进行个性化辅导。

二、保持新鲜的热度，突出网络直播课的时政关切

网络直播课不同于课堂教学，师生不能面对面，空间上产生了一定的距离感。为了消除这种距离感，课堂必须保持必要的新鲜热度，有助于激发学生兴趣，更好地参与直播课堂。以本节课为例，课堂以多家企业跨界生产口罩为切入点，形成学生在线学习的兴奋点，引发课堂的积极思考。教师设计了如下探究活动。

探究：一"罩"难求（多家企业跨界生产口罩）。

（1）比亚迪表示，目前它也加入了口罩生产的行列。

（2）作为"三桶油"之一的中石化，也是国内最大的医卫用材料生产商，及医用口罩原料聚丙烯的主要供应商。目前，它也加入了口罩生产的行列。

（3）企业有口罩机却没熔喷布，半月内熔喷布价格涨三倍，熔喷布堪称医用外科口罩和N95口罩的"心脏"。2月12日，一家熔喷布小厂家告诉新闻记者，熔喷布价格已达到每吨8万元。

（4）口罩进价12.8元/个，销售价格哄抬至49元/个，进销差率近300%。10个口罩，售价850元，收到300万元罚单。这是北京市市场监管部门在扰乱市场价格秩序违法案件中拟开出的首张罚单。

在提供最新时政素材的基础上，教师提出探究问题：口罩价格的变动如何影响有关企业的生产经营？并请学生画出推导图。

这一探究活动让宅在家里的学生即使通过网络课堂也能第一时间获取时政新闻，教师通过探究思考启发学生关注企业转产的经济现象，并且运用所学的经济生活知识分析解决现实问题，做到了学以致用。

三、提高课堂的精度，注重网络直播课的知识整合

网络直播课程也是40分钟，但是和课堂教学存在明显不同，由于教学行为在时空上分离，师生的课堂互动受到直播平台、网络速度等限制，需要留出足够的时间。同时，教师和学生面对面互动的感觉相对弱化了，自觉性不

够强的学生会觉得没有老师现场的监督，从而放松自我约束。如果教师在网络课堂的知识容量上一味"求大求全"，一方面容易导致课堂时间捉襟见肘，另一方面也会加重学生负担，从而影响教学效果。因此，网络直播课不用过分强调知识的完整性，而应找准切入点和重点，把握好课堂知识的精确度。

企业作为核心知识和高频考点，本专题共安排了三节课，第一节是企业的生产与经营，第三节是企业生产经营与我国经济制度、经济体制，本节课是企业系列复习课的第二节，侧重点是"不同因素对企业生产经营的影响"。具体到本节网络直播课，教师没有六个因素平均用力，而是从"社会责任与诚信担当"入手，重点放在"价格变动"和"科技创新"两个因素（图1）。

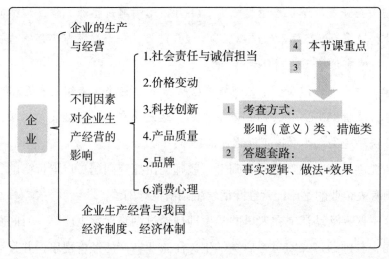

图1

为突出重点，教师提供了相关素材并提出思考问题：五菱汽车为什么会卖得那么好？

《福布斯》称五菱是人类历史上最畅销的汽车。五菱宏光在经济性与动力性中找到非常完美的平衡点。安全性表现也不错，另外还有着不错的操控性，各因素叠加起来就让大家对它刮目相看了。它排量小自然省油，内饰虽然不高档但也还过得去，特别是4万元到6万元的价格定位，受到业内人士一致好评。

上汽通用五菱拥有国家级技术中心和经国家人事部批准成立的企业博士后科研工作站，实施C3P汽车开发技术系统研究项目，注重管理创新和团队合作，使企业的技术创新能力获得全方位提升。2019年，上汽通用五菱共销售1660007辆，成为中国品牌汽车销量第一的企业。

通过在线交互学习，学生了解到五菱汽车不仅"价廉"——4万元到6万元的售价，而且"物美"——动力性、安全性和操控性良好，特别近年来通过技术研发和管理创新实现了品牌提升，成为中国品牌汽车销量第一的企业。在学生思考回答的基础上，教师将科技创新因素对企业生产与经营的影响归纳整合出表格（见表1）。

表1

影响因素	企业应该怎么做	企业为什么做
科技创新	技术创新 管理创新	有利于提高企业劳动生产率，提高资源利用效率，降低生产成本，提高经济效益
		有利于企业提高产品和服务质量，树立良好的信誉和形象，增强市场竞争力，提高市场占有率
		有利于促进企业开发新产品，拓展市场空间，推动企业的可持续发展
		有利于企业掌握核心技术，降低技术依存度，增加企业发展的安全性

既有现象感悟，又有理性归纳，有利于突破价格因素和创新因素两大知识重点，而且追求"物美价廉"正是求实消费心理，也为消费心理影响企业的生产与经营的教学做了铺垫。

四、彰显学科的温度，体现网络直播课的人文关怀

《普通高中思想政治课程标准（2017年版）》的教学建议明确提出："在教学中切实强化价值引领，学习路径的选择至关重要。应立足于当今信息化环境下学习的新特点，直面社会思想文化的影响相互交织、相互渗透和

学生接受信息的渠道明显增多的新态势，着眼于学生思想活动的独立性、选择性、多变性、差异性和高中阶段成长的新特点。"网络直播课堂也应秉承这一基本思想，坚持正确的价值引领。

本节课教师采用《五菱宏光，中国力量》的视频导入。通过观看视频，学生知道上汽通用五菱汽车股份有限公司转产口罩，该项目获得政府支持，从提出转产、完成无尘车间改造和生产线调试再到第一批产品交付仅用时三天，预计二月底产能达到200万个/天。五菱人提出"人民需要什么，五菱就生产什么"的口号，并将生产的口罩全部赠送给一线工作人员，这与部分制假售假、哄抬物价的少数无良商家的行为形成了鲜明对比。

在同学们通过网络平台观看视频素材后，教师提出了探究问题："为什么五菱口罩只赠不卖？"同学们通过在线交流，进一步明确企业不仅以盈利为目的，而且应当遵守职业道德，承担一定的社会责任，从而领会以五菱为代表的民族企业在国家危难之际的社会责任和使命担当，体现企业的人文关怀，彰显思政学科的温度。

五、提升课堂交互度，考虑网络直播课的时空特点

平时的课堂教学，教师和学生同处一个时空，教师授课过程中能够观察学生学习状态，并能根据学生的课堂反应、精神状态对教学行为及时调整；学生也能够近距离感受到教师，根据教师的课堂指令做出相应的学习行为。但是网络直播课程，教的行为与学的行为不再像课堂教学那样有机促进。在时空分离的情况下，教师不能第一时间关注学生的学习状态，教师发出的教学指令的实际效果也会打折扣，因此，为了保障教学行为能够有效促进学生的学习行为，实现既定的教学目标，必须提升课堂的交互程度，保证一定的交互频度。

本节课采用钉钉软件平台进行网络直播课，课程讲解的过程中，学生如需回答问题可以在直播页面点击"申请麦"按钮，教师授权同意后，该同学即可回答问题，所有参与直播的同学都可以清晰地听到师生问答过程，较好地解决了教师提问、学生回答的问题。

另外，在课堂练习环节，本节课教师的教学行为也一定程度上关注了学生的现实需求和课堂知识掌握情况，充分体现了交互度。首先让学生7分钟限时训练完成主观题，然后让学生马上拍照并在事先建好的微信群上传答案，接下来教师挑选有代表性的学生答案，在直播窗口进行共享并及时讲解反馈，讲解时遵循材料信息—具体做法—措施效果的逻辑顺序，帮助学生提高获取和解读信息、调动和运用知识的能力。

"不畏浮云遮望眼，只缘身在最高层。"只有遵循规律，在教学实践中勇于尝试、科学调整，才能将直播技术与教学资源有机结合，最大限度地发挥网络直播课程的积极作用。

参考文献

[1]中华人民共和国教育部.普通高中思想政治课程标准（2017年版）[S].北京：高等教育出版社，2018.

[2]陈丽.在线教育的基本原理[DB/OL].中关村互联网教育创新中心，2020（2）.

注：本文是作者主持的2019年度广州市教育政策研究课题《基于花都区思想政治学科关键能力的人才培养方式优化研究》（课题批准号：DZCYJ1927）的阶段性研究成果，发表在《长江丛刊》（国内刊号：CN42-1853/I，国际刊号：ISSN2095-7483）2021年第8期。

用好党史资源素材，提高思政育人效能

自从2021年2月党史学习教育动员大会召开以来，广大思想政治课教师积极响应，认真贯彻习近平总书记在党员学习动员大会上的重要讲话精神，将党史资源运用到思想政治理论课教学中，但是现实操作中却出现了资源内涵理解不准、选取资源与教学目标不一致、形式大于内容等问题，不利于党史资源的有效利用。因此，要真正发挥党史资源的教育价值，进一步改善思想政治理论课教学效果，应遵循科学性、思想性、地域性和发展性等基本原则。

一、正本清源——确保党史资源运用的科学性

《普通高中思想政治课程标准（2017年版2020年修订）》对"科学精神"核心素养是这样界定的："就是在认识世界和改造世界的过程中表现出来的一种精神取向，即坚持马克思主义的科学世界观和方法论，能够对个人成长、社会进步、国家发展和人类文明做出正确的价值判断和行为选择。"党史资源在思想政治课堂教学中的运用要始终坚持科学性原则，一方面要实事求是，确保课堂选用的资源素材可靠准确，真实地反映社会发展的客观情况，引导学生树立正确的党史观。另一方面，面对类型各异的资源素材，思想政治理论课教师要尊重学生身心发展规律，针对高中学生思想活动和行为方式的多样性、可塑性，紧密结合课程内容，科学地选择典型性

红色资源，并且准确阐释其精神内涵，切实增强课堂教学的说服力和感染力。

1. 坚持正确的党史观，选取真实可信的资源

唯物史观是中国共产党认识和把握历史的根本方法。如果历史观错误，不仅达不到学习教育的目的，反而会南辕北辙，走入误区。党史内容丰富多彩，形式多种多样，是落实思想政治理论课学科核心素养不可或缺的重要载体。只有科学地运用资源，才能真正发挥其教育价值。因此，思想政治教师选取资源素材时，务必做到有理有据、有典可查，保障真实准确性，不能为了佐证某个结论或者达到某种教学效果而歪曲史实。

例如必修一《中国特色社会主义》第二课第二框《社会主义制度在中国的确立》，教师在讲授"在艰辛探索中前进"的内容时，为了加深学生对党带领各族人民在社会主义建设过程中艰难探索的理解，展现中国共产党人面对国内外各种困难努力开拓的进取精神，教师可以选择播放反映史实的电影、电视剧等资料，提高学生课堂的关注度，增强课堂教学的感染力，更便于学生深刻认识我党艰辛探索适合中国国情的社会主义建设道路。但是，在选取相关党史资料的同时，思想政治教师要增强明辨是非的能力。因为，随着影视文化产业的迅猛发展，历史题材的影视作品质量良莠不齐，这就需要思想政治课教师在选用党史视频资料时，应坚持实事求是的科学态度，科学甄别相关影视作品是否符合历史实际，确保党史素材准确可靠，向学生呈现我国社会主义建设探索过程的真实历程，培育学生正确的价值观，引导学生"真学、真懂、真信、真用"。

2. 精准阐释资源内涵，契合课堂教学具体要求

党史资源是中国共产党带领全国各族人民在不同历史时期创造和积累下来的宝贵的物质和精神财富，具有鲜明的意识形态性，继承和发扬了中国革命、建设、改革、新时代等各时期的优秀历史文化，引领着时代的进步和民族的发展，其内涵丰富，形式多样。但受到教学目标、内容安排、课堂时长等因素制约，能在思想政治课堂教学中运用的党史资源是有限的，这就需要教师精准把握其精神内涵，结合课堂教学具体内容和学生认知水平，选择典型的党史资源加以运用，真正发挥党史资源在思想政治课堂教学中的育人价值。

例如，必修二《经济与社会》第三课第一框《坚持新发展理念》，教师讲授"贯彻新发展理念"中的"绿色发展"这一理念时，可供选用的党史资源比较多，如北京冬奥会的绿色行动方案、联合国气候变化大会上的中国主张、浙江安吉余村绿色生态发展事例等。究竟应该选取哪一个最典型、最具代表性的资源，这要求教师精准把握绿色发展理念的内涵，有效契合课堂教学的具体要求。

浙江安吉余村曾是一个依靠开采石灰岩发家致富的村庄，然而随着经济收入增长，生态问题也日益严重。2005年8月15日，时任浙江省委书记的习近平到余村考察，肯定了该村关停污染环境的矿山、搞生态旅游的做法，并明确提出"绿水青山就是金山银山"的科学论断。十多年来，余村坚定践行这一理念，从靠山吃山到养山富山，从"采石经济"到"生态经济"，走出了一条生态美、产业兴、百姓富的可持续发展之路，成为我国绿色发展的典型示范。这一事例凸显了绿色发展的核心——解决人与自然和谐共生问题，也充分体现了坚持以人民为中心的发展思想，把实现人民幸福作为发展的目的和归宿，做到发展为了人民、发展依靠人民、发展成果由人民共享。因此，在诸多资源中选取浙江安吉余村典型事例，有利于引导学生准确理解绿色发展理念，明确只有人与自然和谐共生才能实现可持续发展，增强学生保护资源、珍爱环境的使命感和责任感。

二、方向引领——彰显党史资源运用的思想性

《普通高中思想政治课程标准（2017年版2020年修订）》明确指出："高中思想政治课程是落实立德树人根本任务的关键课程，以培育社会主义核心价值观为目的，是帮助学生确立正确的政治方向、提高思想政治学科核心素养、增强社会理解和参与能力的综合性、活动型学科课程。"为此，运用党史资源进行思想政治课教学时，一定要注意正确的方向引领，彰显思想性原则。一方面要注重资源的价值导向、政治引领，引导学生形成正确的价值

观。另一方面要凸显思想政治理论课的课程性质，围绕课程目标，落实学科核心素养，有效实现思想政治理论课的育人功能。

1. 注重资源价值引领，为学生健康成长奠基

思想政治理论课坚持以引领正确的思想政治方向为基本理念，以社会主义核心价值观的思想内涵作为学科育人的根本价值标准，彰显思想政治理论课对于学生政治方向的思想引领。因此，党史资源的选择和利用，必须要符合中国特色社会主义先进文化的前进方向，坚持价值性和思想性相统一，在利用资源素材对学生进行思想政治教育时，要将价值观引导融于知识传授、能力提升的过程中，引导学生形成正确的价值观念，为学生的终生发展奠基。

如讲解必修三《政治与法治》第二课第二框题《始终走在时代前列》中"发挥共产党员的先锋模范作用"时，教师可以提供优秀共产党员先进事迹归纳表（见表1），引导学生参与，激发学生思考。

表1

历史时期	优秀共产党员	先进事迹	共同特质	对你的启示
新民主主义革命时期				
社会主义革命和建设时期				
改革开放和社会主义现代化建设新时期				
中国特色社会主义新时代				

通过同学们列举不同历史时期的优秀党员的先进事迹，如建党初期的李大钊、夏明翰等，如抗美援朝战争中的杨根思、黄继光等，如边防英雄祁发宝、陈祥榕等，如时代楷模焦裕禄、张桂梅、黄文秀等，如杰出科学家吴孟超等，在同学们自觉接受先进党员事迹教育的同时，教师提出设问："虽然

不同时期优秀党员的事迹有所不同，但是你能发现他们共同的特质吗？作为新时代的青年，对你有何启示？"通过创设情境问题，引导学生认识不同时期优秀党员们的精神实质，从而理解共产党员先锋模范作用的含义、决定因素和不同时期的不同内容。在此基础上，激励同学们以优秀党员的崇高精神和高尚品格为榜样，提高道德认知，端正价值取向，自觉担负起中华民族伟大复兴的时代使命。

2. 围绕学科课程目标，有效落实核心素养

《普通高中思想政治课程标准（2017年版2020年修订）》对"课程目标"做出如下规定："通过思想政治课程学习，学生能够具有思想政治学科核心素养。"课程目标是课堂教学的终极目的，思想政治理论课教学应围绕政治认同、科学精神、法治意识和公共参与四大核心素养，发掘和选用适合高中生价值观念形成的党史资源应用于课堂教学中，坚持为党育人、为国育才。

以"政治认同"素养为例。如必修一《中国特色社会主义》第二课第二框《新民主主义革命的胜利》，教师在讲解"胜利的征程——新民主主义革命"时，在课堂上朗诵了方志敏烈士的《可爱的中国》（节选），并设计课堂活动——"跨越时空的回答"。教师提出情境问题："方志敏烈士在文章中写道'朋友，我相信中国民族必能从战斗中获救，这岂是我们的自欺自誉吗？'运用所学知识，你会如何回答方志敏烈士的提问？"通过小组讨论、分享发言，学生深刻认识到中国共产党团结和带领各族人民，经过长期浴血奋战，完成了新民主主义革命，建立了中华人民共和国，使中华民族以崭新的姿态自立于世界民族之林。以典型的人物事迹、炽热的家国情怀感染学生，主动认同走中国特色社会主义道路是历史的必然，自觉拥护党的领导，激起学生投身中国特色社会主义事业的责任心和使命感，在潜移默化中促进了"政治认同"核心素养的培育，有效发挥了党史资源的育人价值。

三、因地制宜——重视党史资源运用的地域性

　　党史资源是中国共产党在创立、发展的过程中逐渐形成的，能够为当前中国特色社会主义建设所开发利用的伟大精神及其物质形态的总和。不同地区的党史资源存在着差异，因此党史资源具有鲜明的区域特色。我所在的广州市花都区地处广州市北部，既有厚重的历史文化底蕴，又具改革开放之风气，留存着丰富多样的党史资源。在教学过程中，选取党史资源应重视地域性，做到因地制宜，这样不仅可以丰富课堂教学内容，还能更好地增强学生的求知欲和对家乡的亲切感，促进学生热爱家乡和热爱祖国有机结合。

　　广州市花都区的党史资源比较丰富，既有重要机构旧址，也有重要历史事件发生地和人物活动纪念地，还有革命烈士墓和相关设施等（见表2）。

表2

序号	名称	地址
第一类	重要历史事件和重要机构旧址	
1	九湖乡农民协会旧址	花东镇三凤村鱼笱庄迅峰书舍
2	元田村农民协会旧址	花山镇东方村（元田村）卢氏宗祠
3	知行农民学校旧址	花山镇东湖村王氏宗祠
4	花县第一届农会旧址	花东镇九湖村王氏大宗祠
5	花县第一个中共支部成立遗址	花山镇花城圩十三队3号
6	中共花县第一个委员会旧址	花城街公益村老人活动中心内
7	红四师成立遗址	花山镇花城村十二队
8	花县乡村教育实验区基础学校旧址	新雅街清布村南阳庄张氏宗祠
9	花县乡村教育实验区青年学校旧址	花山镇龙口村江氏宗祠
10	北江第二游击挺进纵队独立大队队址	花东镇联安乡侯氏宗祠
11	中共连珠村支部旧址	赤坭镇连珠村任氏宗祠

续 表

序号	名称	地址
第一类	重要历史事件和重要机构旧址	
12	中共杨义山支部旧址	狮岭镇义山村钟氏宗祠
13	花县人民政府旧址	花山镇洛场村委会旁
14	中共花县国泰支部的主要活动场所	赤坭镇国泰村
15	中共清、三、花边区工委机关遗址	赤坭镇白坭村下巴水庄
16	福荫祠——花县军事管制委员会办公旧址	花山镇花城村花城小学
第二类	重要历史事件发生地和人物活动纪念地	
17	王彭楼	花东镇三凤村
第三类	革命烈士墓	
18	王福三烈士墓	花山镇布岗村沙帽岭山坡上
19	陈海滨烈士墓	狮岭镇狮山公园内
第四类	纪念设施	
20	花县革命烈士纪念碑	新华街体育路11号花都革命烈士陵园内
21	花东革命烈士纪念碑	花东镇象山村象山岭

在新民主主义和社会主义革命实践中，本地区有许多重大历史事件和英雄人物的感人事迹广为流传，如澎湃、阮啸仙参与创建的花县（现改为花都区）九湖乡农民协会等。由于历史的发展和网络时代信息的更迭，一些历史事件和英雄人物的故事容易被淡化。因此，思想政治课教师要以高度的责任感和使命感，引导学生主动挖掘本区域范围内的党史资源，有条件的学校可以组织学生现场参观、研学考察等，积极推动思想政治小课堂和社会大课堂紧密结合，切实讲好红色英雄故事，传承红色革命遗志，以红色榜样的力量激励学生、鼓舞学生，引导学生立足家乡的需要、祖国的发展，树立赤忱报国的理想信念，将书本理论知识转化为爱党、爱国、爱社会主义的

实际行动。

四、同频共振——坚持党史资源运用的发展性

发展观是唯物辩证法的基本特征。发展具有普遍性，自然界、人类社会和人的认识都处于不断的发展变化中。思想政治理论课具有鲜明的时代特征，随着现代社会的快速发展，中国特色社会主义新时代赋予思想政治理论教育以全新的要求。这就需要教师坚持用发展的眼光看待和运用党史资源，坚持与时俱进，在继承中创新和发展，并且反映新时代发展的新要求，在变化发展中把握党史资源在新时代的重要价值。

继承是发展的基础，发展的实质是创新。传承和发展不可分割，相辅相成。党史资源是中国共产党自成立以来，带领各族人民在不同历史时期积淀下来的宝贵财富，也是中国革命、建设、改革、新时代等发展历程的最好见证。党史资源并非一成不变，而是在时代的进步中历久弥新。这要求教师在运用党史资源时，既要继承资源所体现的中华优秀历史文化，也要做到历史与现实有机统一，在继承中发展，在发展中创新。

习近平总书记在庆祝改革开放40周年大会重要讲话中曾指出："站在新的历史起点上，我们青年党员要进一步坚定永远跟党走的信心和决心，与实现中华民族伟大复兴的中国梦进程同频共振。"总之，加强党史学习教育是一项常抓不懈的重要工作，坚持正本清源、方向引领、因地制宜和同频共振等原则，有利于在思想政治理论课中科学运用党史资源，最大限度地发挥其德育功能和育人价值。在青少年学生中着力讲好党的故事、革命的故事、英雄的故事，厚植爱党、爱国、爱社会主义的情感，让红色基因、革命薪火代代传承。

参考文献

［1］中华人民共和国教育部.普通高中思想政治课程标准（2017年版2020年修订）［M］.北京：人民教育出版社，2020.

［2］张维为.中国特色社会主义［M］.北京：人民教育出版社，2020.

［3］教育部组织.普通高中教科书　思想政治　必修二　经济与社会
　　　［M］.北京：人民教育出版社，2020.

［4］教育部组织.普通高中教科书　思想政治　必修三　政治与法治
　　　［M］.北京：人民教育出版社，2020.

［5］张耀灿，陈万柏.思想政治教育学原理（第二版）［M］.北京：高
　　　等教育出版社，2007.4.

［6］胡田庚.新理念思想政治（品德）教学论（第二版）［M］.北京：
　　　北京大学出版社，2014.

［7］周金堂.把红色资源红色传统红色基因利用好发扬好传承好［J］.党
　　　建研究，2017（5）.

［8］谭冬发，吴小斌."红色资源"与扶贫开发［J］.老区建设，2002
　　　（7）.

［9］张泰城.论红色资源与干部教育［J］.中国井冈山干部学院学报，
　　　2012（6）.

［10］曹晓莉.红色资源用于思想政治教育实效性探究［J］.中学政治教
　　　学参考，2019（1）.

［11］肖发生.定位与提升："红色资源"的再认识［J］.井冈山学院学
　　　报，2009（1）.

［12］郭晓平."红色资源"的主体是精神［J］.中华魂，2005（2）.

注：本文发表在《课程教学研究》（国内刊号：CN44-1690/G4，国际刊
号：ISSN2095-2791）2021年第9期。